Das Größenwahn Märchenbuch · Band 2
Reihe: Es war einmal ...

Die Deutsche Nationalbibliothek – CIP-Einheitsaufnahme.
Die Deutsche Nationalbibliothek verzeichnet dieses Buch in der Deutschen Nationalbibliografie;
detaillierte bibliografische Daten sind im Internet über http://dnb.d-nb.de abrufbar.

Erste Auflage 2014
© Größenwahn Verlag Frankfurt am Main Sewastos Sampsounis, Frankfurt 2014
www.groessenwahn-verlag.de
Alle Rechte vorbehalten.
ISBN: 978-3-942223-98-0
eISBN: 978-3-942223-99-7

Edit Engelmann (Hrsg.)

Das Größenwahn Märchenbuch

Band 2

IMPRESSUM

Das Größenwahn Märchenbuch
Band 2

Reihe: Es war einmal …

Herausgeberin
Edit Engelmann

Illustrationen
Marti O′Sigma

Seitengestaltung
Größenwahn Verlag Frankfurt am Main

Schriften
Constantia, *Lucida Calligraphy*

Covergestaltung
Marti O′Sigma

Coverbild
Marti O′Sigma: ›Hirschpark‹

Lektorat
Edit Engelmann

Druck und Bindung
Print Group Sp. z. o. o. Szczecin (Stettin)

Größenwahn Verlag Frankfurt am Main
November 2014
ISBN: 978-3-942223-98-0
eISBN: 978-3-942223-99-7

INHALT

Von einem rustikalen Türmchen schaue ich auf die märchenhafte Waldwelt, die sich vor mir ausbreitet, so weit mein Auge reicht. Im September röhren Hirsche in den dunklen Laubwäldern, am Wochenende genusswandern Menschen aus der Umgebung. Das sind die Synonyme für unsere nordhessische Landschaft.

Es wäre wahrhaft nicht verwunderlich, wenn Sie einer Ziege begegneten, die zwar munter grast, aber dann doch abends hungrig bleibt, oder einem Prinzen, der hinter einer alten knorrigen Eiche auftaucht und noch einen weiten Weg vor sich hat. Auch Maus, Katz und Bratwurst könnten Sie in einer kleinen Holzhütte zwischen den Bäumen entdecken – obwohl, die Bratwurst vielleicht doch eher in einer Metzgerei, die Sie sicher in einem der zahlreichen Dörfchen aufspüren. Wundern Sie sich bitte nicht über die knorzeligen, wunderlichen Gestalten, die Ihnen aus den Fenstern der Fachwerkhäuschen hinterherschauen. Beim zweiten Besuch Ihrerseits werden Sie sicher ins Gespräch kommen.

So ähnlich, aber auch ganz anders, könnte Ihr Aufenthalt in unserer märchenhaften nordhessischen Natur sein. Letztendlich entscheidet aber

Ihre Phantasie darüber, wieviel Geheimnisvolles, nahezu Mystisches Sie sehen und entdecken werden.

Genauso wird es Ihnen mit den Geschichten in diesem Band des Größenwahn-Märchenbuch ergehen. So viel unterschiedliches Leben steckt in den Köpfen der Autorinnen und Autoren. Phantasien und Gedanken – hin und her geschüttelt und gerüttelt, möglicherweise in anderen märchenhaften Landschaften entstanden, oder im städtischen Trubel, oder noch ganz woanders – wurden von diesen kreativen Personen zu Märchen gemacht. Das Eintauchen in diese Welt für wenige Minuten oder gar ganze Stunden, Ablenkung von den Realitäten des Alltags, Empfindungen mit den Protagonisten teilen oder das Leben mit anderen Augen sehen: Das schenkt Ihnen ab sofort diese Lektüre.

Eine wunderliche Lesezeit wünscht Ihnen
Ihre

Nancy Konradt

Märchenverliebte & Geschäftsführerin der Kurhessen-Lädchen, die sich in der Grimm-Heimat Nordhessen befinden.

DER KÖNIG VON BRATASULIEN

Edit Engelmann

Es geschah einmal vor langer Zeit in dem kleinen Königreich Bratasulien mitten in den waldigen Bergen. Dort herrschte ein gütiges und freundliches Königspaar. Doch leider hatte es einen ausgesprochen despotischen Sohn, der außer sich und seiner eigenen Meinung nichts und niemanden gelten ließ. Von seinem eigenen Land wusste er nur wenig, und auch sein Vater, König Wohlderbar, hatte ihn nicht davon überzeugen können, sich mit der Geschichte und Kultur der Bratasen mehr zu beschäftigen. Prinz Brasotutin war schlichtweg der Meinung, dass dieses Land ohnehin hinterwäldlerisch und hoffnungslos altmodisch war.

Entsprechend wütend war er, als sein Vater darauf bestand, ihn traditionsgemäß mit der Tochter des Hirschkönigs von Waldbersien zu vermählen, so wie es seit undenklichen Zeiten in Bratasulien üblich war.

»Diese Zeiten sind vorbei, und jeder kann sich heute die Frau suchen, die ihm gefällt«, schrie er seinen Vater an. Er würde sich nie und niemals an eine Frau binden, die ein überdimensionales Geweih auf dem Haupte trüge und sich überhaupt nur einmal im Jahr zur Frühjahrssonnenwende für einen Monat in ein menschliches Wesen verwandele – auch nicht, wenn sie während der Zeit das bezauberndste Geschöpf der Welt wäre.

Noch lange hatte der Prinz mit seinem Vater diskutiert. Aber der alte König Wohlderbar war hart geblieben. Er würde die Tochter des Hirschkönigs heiraten oder er würde nie und nimmer sein Erbe antreten können.

Im nächsten Frühjahr war die Hochzeit. Am Abend vor den Feierlichkeiten, an dem die Königswürde vom alten König auf die Neuvermählten übertragen wurde, war der Hirschkönig Olynth mit seiner Tochter auf dem Schloss erschienen. Sie war wirklich die schönste und bezauberndste Frau, die Prinz Brasotutin jemals gesehen hatte. Beinahe wäre er in Versuchung gekommen, ihr ein Kompliment zu machen. Da erhob sich der Hirschkönig von der Dinner-Tafel, klopfte mit dem silbernen Löffel einmal ans Glas, sein goldenes Geweih blitzte im Kerzenlicht und seine Stimme erschallte weithin: »Prinz Brasotutin von Bratasulien und Prinzessin Vanessa von Waldbersien, so hört denn beide die alten Bestimmungen, dass keiner von Euch in Zukunft ohne den anderen entscheide. Nur in Eintracht und Einstimmigkeit sollt ihr Euer gemeinsames Amt als König und Königin von Bratasulien ausführen. So vermählt euch dann, meine Kinder, zum Wohle eurer Untertanen.«

Er hatte noch nicht ausgesprochen, als Prinz Brasotutin bereits von seinem Stuhl aufgesprungen war.

»Wer bin ich denn?«, brauste er auf. »Ich soll die Zustimmung einer Frau brauchen? Ich, der ich in einem Eliteinternat im Ausland erzogen wurde und an einer ebensolchen Elite-Universität der Ivy League mein Examen in Staatsbürgerkunde, Politik und Wirtschaft abgelegt habe. Ich, der ich bei den besten Professoren der Welt studiert habe? Macht euch nicht lächerlich. Ich denke ja gar nicht daran.«

»Du wirst dich daran gewöhnen, wie sich alle vor dir daran gewöhnt haben. Das Wichtigste ist das Wohl des Volkes«, antwortete der Hirschkönig Olynth gelassen. »Solltest du nicht entsprechend handeln, so wird dir die Königswürde kein Glück bringen und dein Land wird im Unglück versinken.«

»Mein Sohn kann die Pflicht seines zukünftigen Amtes noch nicht einschätzen«, suchte der alte König Wohlderbar zu beschwichtigen und warf einen scharfen Blick auf seinen Sohn, um diesen zum Schweigen zu bringen.

»Gebt ihm Zeit«, bat auch die Mutter des Prinzen, Königin Maggi, und sie blickte gutmütig bittend zu ihrem Sohn. »Auch mein Gemahl brauchte damals Zeit, bis er sich an mich als Gattin gewöhnt hatte. Und schaut, wie gut wir uns heute verstehen. Ich habe schon ein Jahr nach der Hochzeit bei der Geburt meines Sohnes das Geweih verloren. Seitdem lebe ich hier respektiert und geliebt.«

Am nächsten Tag wurden die beiden miteinander vermählt. Wie es die alten Gesetze vorschrieben, verbrachte Prinz Brasotutin die Hochzeitsnacht mit seiner jungen Frau, Prinzessin Vanessa. Am nächsten Morgen wurden beide feierlich im Thronsaal als König und Königin in ihr neues Amt eingeführt. Doch kaum hatten der Königsvater und der Hirschkönig die alten Einweihungsformeln gesprochen, als der frischgekrönte Brasotutin von seinem Thron aufstand und eiskalt verkündete:

»Ich, König Brasotutin, habe es nicht nötig, mich mit einer Hirschkuh zu vermählen.«

Alle Anwesenden im Krönungssaal erstarrten vor Schreck.

»Ich, König Brasotutin, habe es nicht nötig, mir von Waldhirschen befehlen zu lassen, wie ich regieren soll.«

»Aber, Sohn ...«, hörte man gleichzeitig erstaunt die Stimmen von Königin Maggi und König Wohlderbar.

»Ich bin der König!«, schrie Brasotutin, und nun erlosch auch das letzte Geräusch im Raum. »Wem auch immer dies nicht gefällt, der möge jetzt gehen. Und meine sogenannte Frau ...«, sagte er ironisch und zeigte auf die weinende Königin Vanessa, »kann er gleich mitnehmen. Ich will und brauche sie nicht.«

Erschrocken blickten seine Eltern ihn an, aber sie wagten nichts mehr zu sagen, er wies ihnen die Tür. Ermattet stand Hirschkönig Olynth auf und rief seine Tochter zu sich. Zusammen verließen sie den Saal. An der Tür wandte sich der Herrscher des Waldes noch einmal um: »Du hast über dein Schicksal entschieden und das deines Landes. Das Unglück wird über dich und deine Untertanen kommen, da du die alten Gesetze nicht respektierst.«

»Akte! Gesetze! Gebräuche! Tradition! Pff!«, antwortete hochnäsig König Brasotutin. »Wen interessieren schon alte Gesetze? Die modernen Experten haben alles im Griff. Die heutige Wissenschaft braucht keine alten Gesetze. Verschwindet ihr alle, die ihr nur Schlechtes unkt. Ich werde es euch schon zeigen.«

Durch das Fenster konnte König Brasotutin sehen, wie seine Untertanen vor dem Schloss eine Gasse bildeten, um die Herrscher des Waldes hindurch zu lassen. Er beobachte, wie das goldene Geweih seine stolze Haltung verlor. Von seinen Eltern war schon längst nichts mehr zu sehen.

»Na also ...«, murmelte König Brasotutin, »das hätten wir. Neue Zeiten brechen an.« Dann zog er an der goldenen Klingelschnur. »Minister!«, rief er. »Her mit euch faulem Pack! Wir werden aus Bratasulien das modernste Land der ganzen Welt machen.«

Und so begannen die Brasaner nach Anweisungen des neuen Königs Fabriken zu bauen, weiteten den Handel mit anderen Ländern aus, stauten die Flüsse, um mehr Energie für die Fabriken gewinnen zu können, teilten die Felder auf, um bessere Ernten zu erwirtschaften. Und den Brasanen ging es auch tatsächlich gut. Sie bauten geräumige Häuser, fuhren große Autos, aßen das beste Essen, und nach und nach konnten sie sich den größten Luxus leisten. Niemand kümmerte sich mehr um das, was der Hirschkönig beim Verlassen des Saales gesagt hatte. Ja, die meisten erinnerten sich nicht einmal mehr daran. Alle lobten und umjubelten König Brasotutin, der sich eifrig um das Wohlbefinden seines Landes kümmerte.

An einem sonnigen Tag des zwanzigsten Herrschaftsfrühlings König Brasotutins tauchte am Hof Königin Vanessa auf. Sie sah noch genauso schön aus wie an ihrem Hochzeitstag, doch diesmal ging sie nicht an der Seite ihres Vaters, sondern wurde von einem jungen Fräulein begleitet, das beinahe genauso aussah wie sie selbst. Lange blonde Haare fielen ihr bis auf die Hüfte, rehbraune Augen blickten aufmerksam um sich und auf ihrer Stirn war der erste Ansatz eines goldenen Geweihs zu sehen. Ohne Umschweife begaben sich die beiden in den Thronsaal.

Mit Verblüffung erkannte König Brasotutin, wer hereingekommen war. Das war das letzte, was er brauchte. Jemanden, der ihn an die Vergangenheit erinnerte. »Was willst du hier?«, herrschte er seine Frau an. »Hatte ich nicht gesagt, dass ich dich hier niemals wieder sehen will.«

»Das hast du ...«, nickte sie königlich. »Ich bringe dir deine Tochter.«

»Meine was?«, ertönte vor Wut und Erstaunen die Stimme des Königs durch den Thronsaal.

»Sie ist die Frucht der einen Nacht und lebte bei mir, wie es die alten Gesetze vorschreiben.«

König Brasotutin näherte sich mit vorsichtigen Schritten dem Gespann der zwei Frauen.

»Jetzt ist sie eine junge Prinzessin und hat das Alter erreicht, um sich zu binden.«

Der König forschte mit seinen Augen im Gesicht des schüchternen jungen Mädchens und erkannte ein orangenes Muttermahl am linken Ohrläppchen, ein Zeichen, das auch er an der gleichen Stelle trug. Ein eindeutiger Beweis, dass dieses Geschöpf tatsächlich seine Tochter war.

»Der alte Hirschkönig, mein Vater, König Olynth, ist verstorben ...«, erzählte Königin Vanessa mit fester Stimme weiter, »ein neuer wurde gewählt. Um der alten Gesetze willen, musst du unsere Tochter mit seinem Sohn vermählen. Die alte Ordnung muss wieder hergestellt werden, sonst wird es dir und deinem Land schlecht ergehen.«

»Du wagst es, hierherzukommen und mir Vorschriften zu machen?«, schnauzte er sie an. »Siehst du nicht, wie gut es mir und meinem Land geht?« Seine Augen sprühten Funken.

»Ich sehe es«, antwortete die Königin sanft. »Doch dieser Wohlstand ist vorübergehend, wenn du nicht ...«

»Wenn, wenn, wenn!«, triumphierte der König mit Hochmut. »Wie dein Vater, so auch du! Immer diese Drohungen!«

»Ich bitte dich, es geht um unsere Tochter, schau sie dir an!«

Er beobachtete das schöne Fräulein, das ängstlich vor sich hin blickte.

»Sie kann heiraten, wen auch immer sie will, sie braucht meine Zustimmung nicht!«, herrschte er sie an und sah mit Genugtuung die erschrockenen Gesichter der Frauen.

»Mein Herr, das alte Gesetz verlangt, dass du, als Vater und König, sie ihrem Mann zuführst.«

Der König hatte seit langem niemanden mehr über die alten Gesetze sprechen hören. Er hatte alle alten Maßnahmen, Vorschriften und Gesetze abgeschafft. Neue, moderne Weltanschauungen waren gefragt für sein Land. Das Königreich Bratasulien war aufgeblüht. Und jetzt wollte eine verblasste Erinnerung seine Weltordnung stören?

»Geh zurück in deinen Wald«, befahl er mit fester Stimme an die adlige Frau gewandt, »und wage es nicht noch einmal, hier aufzutauchen.«

Würdevoll nickte die Königin und senkte ihr goldenes Geweih.

»Ich werde gehen. Unser Kind jedoch werde ich hier lassen.«

Der König war außer sich.

»Höre, Gemahl ...«, versuchte die Königin ihn zu besänftigen.

»Hör auf, mich Gemahl zu nennen! Wir leben seit zwanzig Jahren nicht mehr zusammen!«, schrie König Brasotutin.

»Du hast nur noch wenige Jahre Zeit«, flüsterte Königin Vanessa ihrem Gatten zu und umarmte gleichzeitig liebevoll ihre Tochter. Sie schritt mit erhobenem Haupt Richtung Tür, während der König hinter ihr her fluchte und das Fräulein weinte. Das Herz der Königin zerriss vor Schmerz, doch sie würde nach vorne blicken. Sie tat das, was man von ihr erwartete. An der Türschwelle hielt sie kurz inne und sagte nur noch dieses: »Hast du bis zum nächsten Erscheinen des Hirschsterns am Abendhimmel den alten Riten nicht Genüge getan und unsere Tochter mit dem Sohn des neuen Hirschkönig vermählt, wird sich alles gegen dich kehren.«

König Brasotutin stand wütend im Thronsaal mit der weinenden Prinzessin vor sich.

»Du brauchst dir gar nicht einzubilden, etwas Besonderes zu sein«, herrschte er seine Tochter an. »Verschwinde in die Küche und komm mir nie mehr unter die Augen.«

Nach diesem Tag schien sich alles gegen den König und Bratasulien verschworen zu haben Das Land um die Fabriken herum wurde zusehends trockener, die Erde grau und das Gras braun. Bald schauten die kahlen Felsen heraus. Auf den Feldern wuchs zunehmend weniger. Die Flüsse waren verschmutzt von Industrieabfällen. Ein brauner Smog hing in der Luft. Die Erde dörrte aus und die Ernten fielen immer spärlicher aus. Das Wenige teilten die Menschen unter sich. Der Viehbestand verringerte sich immer mehr.

Ungeduldig rief der König seine Minister, Experten und Spezialisten zu sich. Zusammen erarbeiteten sie einen Maßnahmenkatalog, der den Problemen ein Ende bereiten sollte.

Doch es kam noch schlimmer. Kaum jemand hatte noch Arbeit. Die Händler kamen von ihren Reisen zurück, aber sie verkauften nichts mehr. Die Fabriken blieben auf ihren Waren sitzen, und eine nach der anderen stellte ihre Produktion ein. Was immer König Brasotutin auch versuchte, nichts wollte ihm gelingen. Die Pracht der vergangenen Jahre konnte er nicht zurückbringen. Als er wieder einmal seinen Palast verließ, sah er die ersten Städter ihr Bündel packen. Sie wollten in der Ferne ihr Glück suchen.

»Du hast uns einen schlechten Dienst erwiesen«, riefen sie ihm zu.

»Du hast uns ruiniert. Früher hatten wir weniger, aber es ging uns besser. Wir hatten keine großen Häuser, keine teuren Autos, keinen Luxus. Aber wir hatten Arbeit, Wohnung und Essen. Wir hatten gesunde Luft zum Atmen, gesundes Wasser zum Trinken und gesunde Nahrung für uns und unsere Kinder. Es ging uns gut.«

»Du bist ein schlechter Herrscher.«

Und so verließen sie das Land.

König Brasotutin saß in seinem Schloss und wunderte sich. Wieso hatte sich bloß alles geändert? Was war schief gelaufen? Es musste – jawohl – das musste es sein: Dieser verdammte Hirschkönig war schuld daran. Dessen Tochter. Und deren Tochter. Seit diese bei ihm im Palast war, ging es ihm und dem Land schlecht.

Stehenden Fußes marschierte er hinunter zur Küche, wo er seine Tochter hinter dem Herd entdeckte. Mit ausgestrecktem Finger wies er auf sie und befahl seinen Wachen: »Ergreift sie. Bindet sie auf das Rad. Sie soll auf dem Marktplatz zur Schau gestellt werden. Schmiert sie mit Honig ein, dass die Bären, die Füchse, die wilden Tiere des Nachts kommen und sich an ihren Eingeweiden genüsslich tun. Ein jeglicher soll hart bestraft werden, der versucht, ihr zu helfen. Sie ist schuld. Seit sie hier ist, geht es uns allen schlecht.«

Sofort wurde der Befehl ausgeführt. Und die wilden Tiere kamen. Doch sie griffen sie nicht an, sondern weinten bittere Tränen zu ihren Füßen. Auch die Brasanen hatten Mitleid mit dem schönen Mädchen, das stumm auf dem Marktplatz stand und kein einziges Mal klagte. Einzig der König hatte kein Einsehen. Per königlichem Dekret verkündete er, dass sie am kommenden Festtag gehenkt werden solle, damit das Unglück, das über Bratasulien herrschte, ein Ende hätte.

Eine große Anzahl Menschen hatte sich eingefunden, um dem traurigen Schauspiel zuzusehen. Doch als die Wachen das Mädchen holen wollten, fanden sie das Rad leer.

»Was soll das heißen, sie ist verschwunden?«, schrie der König vor Wut.

Keiner hatte eine Erklärung, was mit der Prinzessin passiert sein konnte. Man suchte sie Tag und Nacht, doch man fand keine Spur von ihr. Nur der Wind, der aus den Tiefen Waldbresiens kam, brachte immer wieder Stimmen mit sich: »Wir haben unsere Tochter zu uns zurückgeholt.«

An nebligen Tagen erzählten sich die Brasanen, dass sie den alten Hirschkönig durch das Land reiten sahen.

»Blödsinn!«, tobte König Brasotutin. »Der ist doch seit Jahren tot!«

Ein uralter Zauberer behauptete sogar, Königin Vanessa gesehen zu haben, wie sie mit ihrer Tochter durch die Straßen Bratasuliens wandelte. Angeblich flogen ihnen eine Schar von Elfen, Schmetterlingen und Singvögeln hinterher.

»Was für ein Märchen!«, lachte König Brasotutin. »Es gibt doch keine Elfen!« Er war sich sicher, denn er hatte den Glauben an Märchen und Märchengestalten gleich am ersten Tag seiner Herrschaft für verboten erklärt. Lang war das nun her.

Er kratzte sein altes Haupt und versuchte, das Chaos der Wirtschaftssituation zu erklären, das nunmehr seit Jahren seine Existenz bedrohte. Sein Land war durch Fortschritt und Wissenschaft, durch Macht und Gewinn ein Trümmerhaufen geworden. Auch Jahre nach dem Verschwinden der Prinzessin, seiner Tochter, die er niemals nach ihrem Namen gefragt hatte, wollte sich der alte Wohlstand nicht wieder einstellen.

König Brasotutin hatte viele Probleme. Eines davon war, seinen Thron zu retten. Seine Untertanen hatten sich längst als Volk gegen ihn gestellt und waren zu einer Macht geworden, die stärker war als er. Man erklärte ihn für abgesetzt.

So richtig konnte er sich diese Entwicklung nicht erklären. Und dass sein Volk mittlerweile ohne ihn regierte und sich selbst neue Werte geschaffen hatte, fegte er mit den Worten weg: »Was seid ihr schon ohne mich? Ohne mich, der ich in einem Eliteinternat im Ausland erzogen wurde und an einer ebensolchen Elite-Universität mein Examen in Staatsbürgerkunde, Politik und Wirtschaft abgelegt habe. Ihr wollt einen Staat führen? Ohne mich, der ich bei den besten Professoren der Welt studiert habe? Macht euch doch nicht lächerlich!«

KREUZFAHRT MIT SINDBAD
ODER
DSCHUNGEL-TÖRN IN DEN TOD

Lilly Friedstein

Das wasserdichte Logbuch von
»Planet«-Chefreporterin Shirin Sch. Razade

Känguruhoden fressen, in Schlangen baden, auf Pritschen in der Wildnis campen – die Fernsehzuschauer lieben es. Jetzt gibt es das Urwaldabenteuer für jedermann zum Anfassen: Auf der ersten Dschungel-Kreuzfahrt der Welt! Initiator, Reeder und Kapitän ist niemand anderes als Sindbad, der berühmteste Seefahrer Arabiens.

Von seinem Heimathafen Basra aus stach Sindbad einst in See, entdeckte einsame Eilande, überlebte Schiffbruch, Wirbelstürme, Attacken von Menschenfressern, Riesenschlangen, Horden Wilder. Mit Gold und Diamanten beladen kehrte er zurück. Warum nicht die verwunschenen Inseln seiner Jugend mit Extremtouristen von heute erneut bereisen? Die MS Sindbad ist soeben vom Stapel gelaufen.

Ich wage mich auf die sechstägige Jungfernfahrt und teste die Kreuzfahrt. Der Katalog verspricht: Abenteuer, Askese, kulinarische Kuriositäten – und täglich geht einer über die Planke! Auf unserem ›Planet‹-Onlineportal blogge ich live von Bord. Jeden Abend lesen Sie mein Tagesvoting mit Punkten von 1 (SOS, schickt mir die Seerettung!) bis 10 (Ich schippere mit um die ganze Welt!). Leinen los, und auf in den Dschungel-Wahnsinn für alle – nicht nur für TV-Fuzzis!

Logbuch Tag 1: Die Einschiffung / Meine Reisegefährten

Ankunft am Hafen von Basra, Irak. Ich weiß nicht, was ich erwartet habe, aber die MS Sindbad hat keinen Kussmund. Stattdessen Haifischzähne, schwefelgelbe Schlangenaugen und einen Rumpf in Tarngrün. Gedränge vor der Gangway, die Kreuzfahrt ist ausgebucht. Jeder der 400 Gäste hat rund 2.500 Euro geblecht, um an Bord zu gehen. Ich sehe Männer in Basecaps, Muscleshirts, Cargohosen – nur wenige Frauen, das wundert mich nicht. Mit Strohhut und Tunika steche ich heraus. Meine rot lackierten Fußnägel in den Prada-Sandaletten sind die ersten Opfer der Reise: Ein tribal-tätowierter Meister Proper tritt sie platt. Grant aus Kentucky, stellt er sich vor, Ex-Marine. Action suche er hier, endlich mal wieder. Seit er aus dem Irakkrieg daheim ist, sei sein Leben fad.

Kapitän Sindbad begrüßt uns persönlich per Handschlag. Bis zur Schulter reicht er mir, die Kapitänsmütze und die verspiegelte Sonnenbrille geben nur wenig von seinem Gesicht preis. Das Kinn springt hervor, um den Hals ankert eine Goldkette im Brusthaar. Er schwärmt von Wagemut, Grenzentesten, Natur pur, Urviechern hautnah und lädt uns ein, das Ablegemanöver an Deck zu erleben. Das Schiffshorn lässt Herz und Leber hüpfen. Im Willkommensdrink, Piña Colada, spießt ein Plastik-Fechtdegen einen weißlichen, glipschigen Ball auf. Eine Litschi, wie ich hoffe.

Neugier treibt mich in die Kabine: Durch das Bullauge glitzert das Meer. Eine Pritsche hängt an vier Tauen von der Decke, ein Baumstumpf dient als Nachttisch. Im Bad entdecke ich einen Holzbottich als Waschbecken, einen Eimer als Dusche und suche das Klo – ein Loch im Boden. Ich frage mich, ob der Bonus, mit dem mein Chef mich zu dieser Reportage überredet hat, nicht deutlich höher hätte ausfallen müssen – und noch habe ich das Buffet nicht gesehen. (Für den Notfall stecken in meinem Koffer 35 Müsliriegel.)

Biertische mit Tarnnetzüberwurf erwarten mich am Abend im Bordrestaurant. Ich komme neben einem Schweizer mit Zopf und Nickelbrille zu sitzen. John L. werde ich ihn nennen, denn so sieht er aus, nur ohne Yoko Ono. Auf seinem Teller türmen sich Reis und rote Bohnen. Mit Genuss kaut er jede Gabelfuhre. Das sei die wahre Form der Ernährung, sagt er. Kein Industriefutter, geballter Ballaststoff, köstlich.

Ich wage mich ans Buffet und erspähe frittierte Heuschrecken, gegrillte Kakerlaken am Spieß, Schlange in Sahnesauce, Lebende-Maden-Salat, Mini-Skorpione mit Schokoladenguss. Bevor ich kotzen muss, mache ich es John L. nach und überhäufe meinen Teller mit Reis und Bohnen.

John L. schwiezerdütscht vom Aussteiger-Traum. Sindbads Inseln seien die letzten urwüchsigen Eilande der Welt – er will sie spüren, vielleicht bleibt er gar auf einer zurück, sagt er. Sein Blick ist verklärt.

Ich wende mich zur Tischnachbarin auf der Linken. Grauer Bob, Leinen vom Hals bis zu den Korksandalen, eine Deutsche. Du, ich bin die Carla, sagt sie, sie ist Psychologin und will forschen. Was denn? frage ich. Das Verhalten des Menschen in archaischer, animalischer Umgebung. Aha. Auch sie hat leuchtende Augen vor Glück.

Langsam beginne ich zu begreifen, dass außer mir hier niemand normal ist. Aber was habe ich erwartet. Wer bucht schon freiwillig eine solche Kreuzfahrt?

»Weißt du«, fragt die Carla, »was das Großartige ist?«

Ich schüttele den Kopf, während ich die Bohnen mit einem Schluck Wasser hinunterspüle.

»Das Großartige ist«, sagt sie, »dass wir hier Darwinismus pur erleben werden!« Sie nickt eifrig.

Ich kaue Reis. Freut sie sich ernsthaft darüber?

»Hast du nicht im Prospekt gelesen, dass jeden Tag einer über die Planke geht?«

Allerdings habe ich das gelesen. Aber ich halte es immer noch für einen Scherz. Am Nachbartisch hebt Kapitän Sindbad sein Glas und schlägt mit dem Messer dagegen. Ein goldener Kapitänsknopf verfängt sich im Tarnnetz, als er aufsteht. Die Drinks seiner Sitznachbarn kippen um, er lässt sich nicht stören: »Liebe Gäste! Ich freue mich, dass Sie sich für die Jungfernfahrt der MS Sindbad entschieden haben. Sie haben die aufregendste Reise Ihres Lebens gebucht! Sie werden Wesen wie nicht von dieser Welt erleben, und ich kann Ihnen nur wünschen, dass Sie den Ausgang aus dem Höhlenlabyrinth finden. Ich möchte Sie darauf hinweisen, dass die Reederei keine Haftung übernimmt, sollten Sie verschwinden, verletzt oder getötet werden. Alles auf eigene Gefahr! Prost!« Er ext die eitergelbe Flüssigkeit aus seinem Glas. »Ehe ich es vergesse: Wer sich registrieren lassen möchte für unser Highlight, den Wettkampf ›Nur einer bleibt trocken‹, der melde sich bitte beim Stewart. Fünf knallharte Teilnehmer wird es geben. Alle Passagiere stimmen jeden Abend über deren Tagesperformance bei den Landgängen ab. Und täglich geht der Verlierer über die Planke.« Sindbad grinst wie eine Hyäne. »Ich wünsche Ihnen nun spannende Tage an Bord, passen Sie auf sich auf!« Er setzt sich wieder neben die bleichblonde Barbie im neonpinken Netzkleidchen, bekommt einen Zungenkuss und legt die Kapitänsmütze ab, um kräftig in etwas zu beißen, das aussieht wie ein fetttriefendes Eisbein. Aber wer weiß.

Mir ist der Appetit vergangen. Ich verabschiede mich von Carla, John L. und winke Grant zu, der bei Sindbad am Tisch sitzt. Als ich die Kabinentür hinter mir schließe und auf die Pritsche sinke, frage ich mich, ob sich tatsächlich fünf Irre finden werden, die bei ›Nur einer bleibt trocken‹ mitmachen.

Mein Tagesvoting:
· Optik und Ausstattung Schiff/Kabine: Testosteron und Askese pur – 7 Punkte für die Konzepttreue
· Willkommenscocktail: nichts für Phantasiebegabte – 0 Punkte
· Buffet: zwischen Würg! und Endlich-halte-ich-ganz-bestimmt-meine-Diät-durch – 4 Punkte

Logbuch Tag 2: Halber Seetag / Die Insel der Riesenadler
Die fünf Plätze für ›Nur einer bleibt trocken‹ mussten beim Frühstück (Fladenbrot) ausgelost werden. Mit dabei sind jetzt: Grant (warum wundert mich das nicht?), John L. (denkt, er sei Robinson Crusoe, vermute ich), Carla (will empirisch hautnah bei Darwin sein), Sindbad persönlich und Sindbads Blondine (Klarer Fall von Hörigkeit. Aber Silikon schwimmt wenigstens oben, nicht?).

Ich genieße den Vormittag in der Hängematte an Deck und beobachte, wie wir uns der Insel der Riesenadler nähern. Wie ein Kressekopf hockt Dschungeldickicht auf einem Granitplateau. Schon von weitem erkenne ich Vögel groß wie Segelflugzeuge, die majestätisch ihre Kreise ziehen. Ich habe diesen Landgang selbstverständlich gebucht. Wenn mir etwas passiert, zahlt mein Chef.

Die Ankerkette rattert aus dem Kasten, der Anker platscht ins türkisfarbene Wasser. Wir sind zwanzig Teilnehmer und klettern über eine Strickleiter ins Tenderboot. Die fünf Kandidaten von ›Nur einer bleibt trocken‹ sind dabei. Carla schreibt in einen Block auf ihren Knien. Sindbads Blondie zerrt an ihrem Top in Tarngrün, aber die Silikonboobies quillen trotzdem heraus. Grant und Sindbad stehen am Bug, Blick voraus. John L. döst langgestreckt in der Sonne.

An einem Felsvorsprung springen wir aus dem Boot und beginnen sofort mit dem Aufstieg. Ich rutsche ab und schürfe mir die Knie auf. Endlich überklettern wir den Plateau-Rand und stehen vorm Dschungel. Mit der Machete geht Sindbad voran. Nur wenig Licht dringt durch das Baumdach, Blätter patschen uns ins Gesicht, armdicke Lianen streifen unsere Basecaps. Mannshohe Blumen mit Blüten, die aussehen wie Scheiben von fetter Salami, stinken nach Aas. Wir fegen Raupen mit feuerroten Haaren vom Top des Vordermanns. Der Marsch über Wurzeln und Felsen bei der feuchten Hitze lässt mich nur mühsam atmen. Niemand spricht, nur das Schneiden der Machete ist zu hören, unser Keuchen und das Schreien der Adler über dem Blätterdach, laut wie Feuerwehrsirenen.

Sindbad stoppt auf einer felsigen Lichtung und wartet, bis alle da sind. Er erzählt, wie er einst von einem Adler geschnappt und aus einem abgeschlossenen Talkessel im Inselinneren in die rettende Freiheit geflogen worden sei. Die Vögel fräßen keine Menschen, wir sollen keine Angst haben. Er schnallt den Rucksack ab, holt zwei Wassermelonen hervor und lockt gen Himmel. Schon kreist ein Riesenadler direkt über uns, wirft einen Schatten wie eine Kampfdrohne. Er stößt herunter und landet vor Sindbad. Mit dem Hakenschnabel, groß wie eine Löffelbaggerschaufel, reißt er ihm die Melone aus den Händen und verschlingt sie. Nach der zweiten äugend, schaukelt er mit dem Kopf hin und her – hüpft plötzlich auf Grant zu, greift mit Riesenkrallen dessen Militaryhemd und hebt ihn in die Luft wie ein Küken. Schon sind sie auf Höhe der Baumwipfel. Grant schreit, schlägt um sich, fingert ein Messer aus der Cargohose, es rutscht ihm aus der Hand. Entsetzt sehen wir, wie der Adler mit Grant davonfliegt.

Sindbad starrt den beiden hinterher und zuckt die Achseln: »Bedauerlicher Zwischenfall.« Er schnallt den Rucksack auf und winkt zum Abmarsch. Schweigend laufen wir durch die Schneise zurück. Auch im Boot spricht niemand, alle suchen den Himmel ab.

Ich nehme eine Eimerdusche in der Kabine. Das Abendessen lasse ich ausfallen. Sindbad kommt durch den Lautsprecher: Aufgrund eines unvorhergesehenen Ereignisses werde heute leider kein Plankengang von ›Nur einer bleibt trocken‹ auf dem Achterdeck stattfinden. Der Kandidat Grant Taylor aus Glenville, Kentucky, sei bereits ohne Planke ausgeschieden. Morgen beim Landausflug zur Insel der Toten-Höhlen falle die nächste Entscheidung.

Mein Tagesvoting:
· Hängematte schaukeln an Deck: 10 Punkte
· Kletter- und Wandertour: Dschungel live, anspruchsvoll – 7 Punkte
· Aug in Aug mit Riesenadler: Adrenalin pur – 10 Punkte
· Davonfliegen des Mitpassagiers Grant: bin sprachlos
· Reaktion Kapitän Sindbads auf Kidnapping seines Gastes: unterirdisch – 0 Punkte
· Gefühl hinsichtlich der Sicherheit auf der Reise: mulmig – 0 Punkte

Logbuch Tag 3: Die Insel der Toten-Höhlen
Ich habe geschlafen wie eine Tote. Erst von Sindbads Morgengruß über Lautsprecher werde ich wach. Ich spüre, dass der Schiffsmotor bereits aus ist. Vor meinem Bullauge sehe ich die schroffe Nordseite der Insel der Toten-Höhlen – Felsen, Berge, kein Grün.

Sindbad war einst hier gestrandet, hatte sich in eine Frau verliebt und sie geheiratet. Er wähnte sich im Paradies. Bis er von dem Brauch erfuhr: Wenn ein Ehepartner starb, wurde die Leiche in eine Felsenhöhle hinabgelassen - und mit ihr der lebende Gatte zum Warten auf den Tod! Sindbads Frau starb. Sindbad irrte durch das Höhlenlabyrinth. Durch großes Glück fand er kurz vor dem Verdursten eine Felsspalte in die Freiheit.

Nun also wir. Mit Höhlenhelm ohne Lampe, Bergschuhen und langer Cargohose stehe ich an Deck und sehe einen Helikopter heranknattern. Im Tandem seilt man uns an und fliegt uns zur Höhle. Ich hänge mit John L. Während des kurzen Fluges kreischt er vor Vergnügen; ich bete. Wir werden direkt in einen Höhlenkrater versenkt wie in einen Brunnen. Der Heli knattert davon.

Nur das Licht des Schachtes fällt auf uns, um uns herum ist Dunkelheit. John L. plappert und lacht wie ein Kind, plötzlich läuft er los. Bis später, sagt er, ich höre seine Schritte verhallen, auf meine Rufe reagiert er nicht. Meine Augen gewöhnen sich an das Dunkel. Ich sehe den Höhlenboden mit Knochen und Totenschädeln übersät. Ein süßlich-saurer Geruch, in den Stein eingefressen über die Jahrhunderte, hängt in der feuchten Luft. Ich taste mich am Fels entlang, stolpere über Knochen und frage mich, warum ich jetzt nicht in der Kantine in München sitze, einen Ceasar Salat vor mir und einen Latte Macchiato. Stattdessen sinke ich auf den kalten Boden und fingere mein Wasser aus dem Rucksack. Wie soll ich den Ausgang nur jemals finden? Ich entscheide mich für den Felsengang ganz links und laufe los.

Der Gang wird immer enger und niedriger, ich bin dankbar für den Helm, schon muss ich krabbeln, dann robben. Die Oberarmmuskeln schmerzen bald, ich habe Schürfwunden, etwas schleicht mir über das Bein, ich schreie, die einzige Antwort ist das Echo. Ich schließe die Augen – und als ich sie öffne, meine ich ganz weit vorne, winzig klein, einen Lichtspalt zu sehen. Mit neuem Mut krieche ich vorwärts. Tatsächlich! Ich zwänge mich durch den Spalt und bleibe geblendet liegen auf einem Granitvorsprung hoch über dem Meer. Salzige Luft. Sonne. Ich weine vor Freude.

Am Abend die Meldung: Alle Teams haben den Höhlenausgang gefunden und sind zurück an Bord. Nur ein Passagier fehlt – John L. Ein Höhlensuchtrupp wird ihn auf eigene Kosten bergen. Die MS Sindbad fährt bereits weiter. ›Nur einer bleibt trocken‹ muss heute Abend wieder ohne Plankengang auskommen, bedauert Sindbad und wünscht Guten Appetit am Buffet mit einer Spezialität: Knochenmarkpastete. Welche Art von Knochen sagt er nicht.

26

Mein Tagesvoting:
· Heliflug am Seil: nur für Artisten mit festem Magen – 1 Punkt
· Labyrinthlauf im Dunkeln: Therapie für Klaustrophobiker – 0 Punkte
· Kulinarisches Highlight Knochenmarkpastete: –3 Punkte (Mein Müsli-riegelvorrat schrumpft.)

Logbuch Tag 4: Seetag / Fechttraining – autsch!

Ich freue mich auf einen ruhigen Tag auf See – zu früh. Denn schon ertönt Sindbads Ansage: Alle Mann an Deck zum Fechttraining!

Die Degen liegen aufgereiht da. Sindbad erklärt uns, was das soll. Morgen besuchen wir die Insel der menschenfressenden Riesen. Dort habe er einst mitansehen müssen, wie seine Mannschaftskameraden nach und nach verspeist wurden; er selber sei gerade noch entkommen.

Ein Degen sei der einzige Schutz gegen die Riesen. Im Notfall sollten wir auf deren Augen zielen. Um das zu üben, hat die Mannschaft quer übers Deck Äpfel auf eine Leine gespannt. Erste Übung: Apfelstechen. Wer einen erwischt, darf ihn essen. Was für ein Anreiz! Ich ermorde fünf Äpfel und verschlinge drei auf der Stelle.

Zweite Übung: Wir sollen mit einem Partner fechten. »Nicht scharf zielen!«, mahnt Sindbad. »Kling, Kling wie im Musketier-Film, bitte!«

Ich kämpfe mit Carla, der Psychologin. Wie sie den Degen hält, macht mir Angst. Nicht für mich, sondern für sie, morgen auf der Insel. Vielleicht sollte sie lieber an Bord bleiben?

Sindbad ficht mit seiner Blondine. Gelangweilt, die Hand in der Hüfte, stößt er ihren Degen weg. Sie kontert verbissen, aber ihre Klinge kommt nicht mal in die Nähe von Sindbads Körper. Schweiß rinnt ihr von der Stirn, das Make-up verläuft, das weiße T-Shirt wird durchsichtig. Sindbad diskutiert währenddessen mit dem ersten Offizier über die Untiefen in diesem Teil des Ozeans und das schwierige Navigieren. Kling, kling, macht sein Degen, er schaut gar nicht hin, mit einem Mal passiert es: Er sticht Blondie in den rechten Silikonboobie! Sie schreit auf, Blut durchtränkt das T-Shirt. Sie sackt zusammen. Der Schiffsarzt schafft sie in die Krankenstation. Kurz darauf knattert der Heli heran und fliegt Blondie aus.

Der Plankengang von ›Nur einer bleibt trocken‹ entfällt auch heute.

Mein Tagesvoting:
· Apfelstechen: hoher Spaß- und Genussfaktor – 10 Punkte
· Sindbads Sorgfalt im Umgang mit Degen: erschreckend – 0 Punkte
· Eindruck von Kapitän Sindbad nach den ersten vier Tagen an Bord: Hoffentlich kommen wir heil in den Zielhafen!

Logbuch Tag 5: Die Insel der menschenfressenden Riesen
Ich erwache mit steifem Hals, weil ich zur Sicherheit mit Schwimmweste geschlafen habe. Ein Blick aus dem Bullauge verrät mir, dass wir die Insel der menschenfressenden Riesen erreicht haben. Sie ist eine Schönheit mit flachem, weißem Strand und sich wiegenden Kokospalmen. Ein glitzerndes Flüsschen fließt aus einem Mangrovenwald. In der Mitte erhebt sich ein Vulkan aus sattem Grün.

Eine Strandliege, ein Bikini, ein Krimi und ein Aperol Spritz – das wär´s, denke ich, als wir vom Beiboot ins flache Wasser springen und barfuß über den warmen Puderzuckersand laufen. »Schnell unter die Bäume!«, ruft Sindbad. Nur er und Carla sind noch übrig als Kandidaten von ›Nur einer bleibt trocken‹. Ich sehe, wie Carla beim Rennen über die lederne Degenscheide stolpert.

»Wir haben Glück, dass der Wind gegen uns steht. Riesen haben ausgezeichnete Nasen«, flüstert Sindbad, während wir die Wanderschuhe anziehen. »Falls sie uns dennoch entdecken – rennt! So schnell ihr könnt und immer unter den Bäumen, da können sie schlechter zugreifen.« Sein Adamsapfel hebt und senkt sich. »Falls sie euch fangen – zustechen!« Er schließt die Augen, seine Lippen scheinen ein Gebet zu murmeln, bevor er sich abrupt umdreht und uns in den Dschungel führt.

Ich lausche, aber das einzige, was ich höre, ist das Tirilieren der Paradiesvögel; für mich klingt es wie ein Galgenkonzert. Am liebsten würde ich sofort wieder zurück auf das Schiff. Carla geht es genauso, wie sie mir zuwispert. »Schschsch«, macht plötzlich Sindbad. Ich höre Äste knacken, nein, ganze Palmenstämme zerbersten, Grunzen, Schmatzen. Die Erde erbebt unter stampfenden Schritten – da ist einer: Die Wipfel reichen ihm bis zur Schulter. Gelbe Augen glühen unter zotteligen Augenbrauen. Eine furchige Nase wuchert über Wulstlippen, zwischen denen eine Kokosnuss verschwindet. Bräunliche Hauer knacken sie wie eine Erdnuss. Konzentriert auf das Kokosnusspflücken, sieht er uns nicht. Plötzlich ein Brüllen laut wie eine Zehntonner-Hupe, ein zweiter Riese in einiger Entfernung ruft ihn. Er lauscht, antwortet und stapft zu seinem Kumpan, die Palmen und Mangroven wie Gestrüpp zur Seite drückend.

Sindbad fuchtelt, wir sollen sofort aufbrechen! Im Dauerlauf treibt er uns vor sich her über Wurzeln und Granit quer über die Insel gen Weststrand, wo Dingis uns aufpicken sollen. Ich bin klitschnass geschwitzt, kriege kaum noch Luft – da endlich ist der Strand! Die Boote steuern auf uns zu, ich durchsprinte den letzten Palmenhain, direkt neben mir fällt plötzlich ein Stamm, ich höre das Grunzen, spüre das Stampfen, Sindbad schreit von hinten. So schnell ich kann, jage ich zum ersten Dingi und hechte hinein. Der Bootsführer reißt an der Motorschnur, im letzten Moment wirft sich Sindbad an Bord, wir rasen davon.

Am Strand sehen wir zwei Riesen. Der eine hat eine Frau mit grauem Bob und Leinenhosen in der Pranke, hält sie vor die Augen, zupft am Beinchen. Sie strampelt, zieht den Degen und sticht zu. Aus der Wulstlippe quillt ein Blutstrom wie ein Wasserfall, der Riese brüllt, lässt Carla aber nicht fallen. Sindbad wendet sich ab.

Wenig später rattert die Ankerkette des Kreuzfahrtschiffes hinauf in ihren Kasten. Der Sieger von ›Nur einer bleibt trocken‹ steht fest. Ganz ohne Plankengang.

Mein Tagesvoting:
Ohne Worte

Logbuch Tag 6: Die Ausschiffung – nicht ganz

Ich kann nicht schlafen in dieser Nacht. Durch das Bullauge blicke ich in die Sternenpracht über dem schwarzen Meer. Der Mond schickt einen Silberstreifen. Gleichmäßig stampft die MS Sindbad voran gen Heimathafen Bas ... – plötzlich ein gewaltiger Rumms, ein Ohren zerreißendes Quietschen, Metall auf Riff. Ich stürze von meiner Pritsche auf den Kabinenboden, greife die Schwimmweste und renne an Deck. Schreiende Menschen irren umher, das Schiff krängt, ich hangele mich an der Reling entlang in ein Tenderboot. Mit einem Matrosen hieve ich Passagiere hinein. Wir steuern auf den Mond zu, als die erleuchteten Fenster der MS Sindbad im Schwarz versinken.

An uns vorbei zieht sehr schnell ein Schlauchboot mit Außenborder – nur ein Mann sitzt darin.

Kapitän Sindbad.

Anmerkung der »Planet«-Redaktion: An dieser Stelle endet das Logbuch unserer Kollegin Shirin Sch. Razade. Wir bedauern sehr, dass sie mittlerweile gekündigt hat und nun in einer Hessischen Kleinstadt bei der Diakonie arbeitet.

Vor dem Internationalen Seegerichtshof in Hamburg beginnt in wenigen Tagen der Prozess gegen Kapitän Sindbad – in Abwesenheit. Französische Geologen wollen jedoch kürzlich bei einem Beduinenstamm in der arabischen Wüste Rub al-Chali einen Mann entdeckt haben, auf den Sindbads Steckbrief passt. Interpol geht der Spur nach.

ZAUBER AM NACHMITTAG

Brigitte Münch

Rafi war allein zu Haus, daran gab es nicht den leisesten Zweifel. Der Vater war im Geschäft, die Mutter auf einer Lehrerversammlung und Mona, seine ältere Schwester, bei einer Freundin zu Besuch.

Es war drei Uhr nachmittags, und eigentlich hatte sich Rafi mit ein paar Freunden zum Fußballspielen verabredet. Doch daraus wurde wohl nichts: Draußen tobte seit einer halben Stunde ein Sandsturm, der sich gewaschen hatte. Es heulte nur so ums Haus, man sah die Hand vor Augen nicht, die Bäume ächzten und bogen sich unter den scharfen Windstößen, und sämtliche Türen und Fenster ratterten und klapperten. Na, da war nichts zu machen. Wer geht schon bei so einem Wetter freiwillig auf die Straße? Nicht mal Tinka, die Katze, wagte sich vor die Tür. Sie lag auf der Sofalehne vor dem Fenster und blickte träge aus halb geschlossenen Augen nach draußen in das Vorüberwirbeln der gelben Sandschwaden.

Rafi hatte sich damit abgefunden, dass er erst mal zu Hause bleiben musste. Und so hatte er es sich im Sessel bequem gemacht und war in ein Buch mit Abenteuergeschichten vertieft.

»So ein Hundewetter!«, maulte plötzlich eine Stimme. »Da mag man ja nicht mal einen Floh vor die Tür jagen.«

»Ja, das ist wahr«, antwortete Rafi mechanisch, ohne den Blick vom Buch zu heben. Er war nämlich gerade an einer besonders spannenden Stelle. Doch dann zuckte er erschrocken zusammen und sah auf. Wer hatte denn da gerade gesprochen? Schließlich war Rafi doch ganz allein zu Haus! Mit großen Augen sah er sich im Zimmer um – aber es war niemand da außer ihm und der Katze. Er stand auf und schaute in die Diele.

»Mama?«, rief er. »Mona? Seid ihr wieder da?«

Doch es kam keine Antwort. Nichts war in der Wohnung zu hören außer dem Klappern der Türen und Fenster.

»Spinn' ich denn?« Rafi kratzte sich am Kopf. »Da hat doch eben jemand gesprochen ... oder hab ich mir das eingebildet?«

»Natürlich hat jemand gesprochen, du Dummkopf. Ich!«, ertönte die gleiche Stimme wie vorher.

Zu Tode erschrocken fuhr Rafi herum, und sein Blick flog hektisch durchs Zimmer. Ja, verflixt noch mal! Es war doch niemand da außer ... außer ... nein, aber das war ja nicht möglich. Das konnte ja nicht sein ... Die Katze Tinka hatte Rafi den Kopf zugewandt und sah ihn geradewegs an. Und das Unglaubliche geschah: Sie öffnete ihr Mäulchen und sprach...

»Nun guck doch nicht so«, sagte sie. »Du hast es schon richtig erraten: Ich war es, die gesprochen hat.«

Rafi stand reglos und starrte auf die Katze.

»Tut mir leid, wenn ich dich erschreckt habe«, fuhr Tinka fort und wandte ihren Blick wieder nach draußen. »Aber ich tu dir ja nichts, will mich bloß ein bisschen mit dir unterhalten.«

»Unterhalten ... «, echote Rafi, als er endlich Worte fand. »Du kannst also sprechen? Wie ein Mensch? Das träum ich doch wohl ... «

»Träumen? Quatsch. Es ist helllichter Tag, und du bist vollkommen wach, das weißt du doch selbst. Natürlich kann ich sprechen. Alle Katzen können das.«

»Alle ... Katzen ... « Rafi ließ sich in den Sessel zurückfallen und wandte seinen ungläubigen Blick nicht von der Katze auf der Sofalehne.

Tinka betrachtete ihre linke schneeweiße Pfote, entdeckte einen winzigen Schmutzfleck darauf und begann, sie umständlich sauber zu lecken. Eine Weile herrschte Schweigen. Rafi kniff sich in den Arm, rieb sich die Augen – doch es blieb dabei: Es war heller Tag, er war glockenwach und von Träumen konnte keine Rede sein.

»Alle Katzen können ... sprechen?«, brachte er schließlich heraus.

»Klar.«

»Und ... warum tun sie's dann nie? Wieso weiß das keiner?«

»Wir sind doch nicht blöd. Wenn die Menschen das wüssten, hätten wir keine ruhige Minute mehr und müssten in einem fort Rechenschaft über

33

unser Tun und Lassen ablegen. Und dazu haben wir keinerlei Lust.« Tinka machte eine Pause, kontrollierte nochmals kritisch ihre sauber geleckte Pfote und schlug sie dann zufrieden wieder unter ihren Bauch. »Übrigens«, fuhr sie dann fort, »wenn ihr Menschen ein bisschen mehr euren Verstand gebrauchen würdet, dann wüsstet ihr schon längst, dass wir sprechen können.«

»Wieso?«

»Es gibt doch genug Geschichten darüber.«

»Aber das sind doch nur Märchen!«

»Das ist es ja. Ihr solltet viel mehr den Märchen vertrauen. Es ist mehr in ihnen wahr, als ihr denkt.«

»So ein Schwachsinn!«, rief Rafi verächtlich. »Als ob man an Hexen, Zauberer und Feen glauben sollte. Das tun doch nur kleine Kinder.«

Tinka betrachtete ihn kühl aus ihren grünen Augen.

»So lange ist das bei dir ja wohl noch nicht her, oder?«

»Wohl ist das lange her. Ich bin immerhin schon fast elf!«, erklärte Rafi hochmütig.

»Na gut, lassen wir das«, sagte die Katze gutmütig. »Ich will mich doch nicht mit dir streiten. Ich möchte mir nur ein bisschen die Zeit vertreiben. Raus kann man nicht, da ist ja die Hölle los. Und hier drin ist es so langweilig. Deshalb will ich ein bisschen mit dir plaudern.«

»Ich glaub das einfach nicht. Wenn ich das meinen Freunden erzähle … «

»Das lässt du besser bleiben, Rafi. Man wird dich nur für verrückt halten und dich auslachen.«

»Und wenn ich sie mitbringe, dich ihnen vorführe?«

Tinka lachte. »Und du glaubst, ich werde dann auch nur einen Ton sagen? Vergiss es, Rafi! Ich mache heute eine große Ausnahme. Ganz allein für dich. Eigentlich darf ich das gar nicht … wir haben da so unsere Gesetze.«

»Was für Gesetze? Von wem?«

»Das geht dich nichts an, das ist Katzensache. Wie ich dir sagte: Ich mache heute eine Ausnahme, aus reiner Langeweile, und weil ich dich mag.

Und du bist ja schon ein großer Junge, wie du selbst sagst, und kannst etwas für dich behalten, oder?«

»Ich verstehe«, sagte Rafi und setzte eine Verschwörer-Miene auf. »Es soll ein Geheimnis zwischen uns bleiben!«

Tinka nickte.

»Aber nun komm dir bloß nicht gleich so wichtig vor, hörst du? Und denk nicht, dass ich etwa jeden Tag Lust dazu habe.«

»Ist ja schon gut«, brummte Rafi, nun ein bisschen beleidigt.

»Schon ist er wieder eingeschnappt! Ihr Menschen seid verdammt empfindlich. Schon allein deshalb mag man nicht mit euch reden, ihr seid furchtbar anstrengend.«

»Ich bin nicht eingeschnappt und auch nicht empfindlich«, lenkte Rafi schnell wieder ein. »Aber sag mal: Du meinst, dass Märchen wirklich wahr sind?«

»Es kommt darauf an. Manches ist wahr, manches nicht. Man muss nur verstehen, es richtig zu unterscheiden.«

»Und das könnt ihr Katzen, und wir können es nicht?«

Tinka bedachte ihn mit einem majestätischen Blick. »So ist es.«

»Dann willst du also behaupten, dass Katzen klüger sind als Menschen?«

»Nein, nicht unbedingt. Aber wir gebrauchen unseren Verstand anders als ihr. Vielleicht weil wir mehr Zeit haben und andere Bedürfnisse. Und wir haben eine andere Geschichte und andere Erfahrungen als ihr. Und wir wissen mehr von den Geheimnissen der Welt ... «

»Geheimnisse? Was denn für Geheimnisse? Verrätst du mir welche?«

»Natürlich nicht, du könntest es gar nicht ertragen. Keiner von euch könnte das. Unser Wissen ist nichts für Menschen, sie könnten gar nicht damit umgehen. Was würdet ihr zum Beispiel alles anrichten, wenn ihr zaubern könntet! Daran darf ich gar nicht denken ... «

»Zaubern? Du meinst, Katzen können zaubern?«

»Nicht alle. Ich zum Beispiel kann es.«

»Was ich dir alles glauben soll ... «

Tinka zuckte mit den Schultern. »Das ist deine Sache. Aber ich will es dir erklären: Meine Familie ist sehr alt und vornehm, wir stammen von den

35

Palastkatzen der ägyptischen Pharaonen ab. Jetzt gibt es in Ägypten keine Pharaonen und Paläste mehr, und deshalb sind wir ein bisschen heimatlos geworden. Aber die alten Geheimnisse und Zauberkünste unserer Vorfahren werden immer noch weitergegeben: Die Katzenmütter weihen ihre ersten Töchter ein. Ich war die erste Tochter meiner Mutter, und ich werde mein Wissen wiederum an meine erste Tochter weitergeben.« Sie machte eine Pause und schien auf einmal aufmerksam in sich hineinzuhorchen. »Weißt du«, fuhr sie dann fort, und Stolz schwang in ihrer Stimme, »ich werde bald Mutter!«

»Was? Aber ... davon sieht man ja gar nichts!«

»Es dauert ja auch noch eine Weile. Es sind zwei: ein Kater und ein Katzenmädchen!«

»Woher weißt du das denn jetzt schon?« Und mit einem Kichern setzte Rafi hinzu: »Gibt es bei euch auch einen Onkel Doktor? Und so 'nen Ultraschall?«

»Ich weiß es«, erklärte die Katze bestimmt, ohne das weiter zu begründen und ohne auf Rafis Bemerkung einzugehen. »Willst du sie mal sehen, Rafi?«

»Wann – jetzt?«

»Ja.«

»Aber ... du hast doch selbst eben gesagt ... Ich meine: Sie sind doch noch gar nicht geboren!«

»Das macht nichts. Es geht mit meiner Zauberkraft. Und du musst die Jalousien zumachen, damit das Zimmer ganz dunkel ist.«

Rafi sprang hoch und schloss in Windeseile die Fensterläden. Zusätzlich zog er noch die Vorhänge zu. Das Zimmer war jetzt fast völlig finster, und der einzige Lichtquell waren Tinkas funkelnde Augen.

»Setz dich wieder hin und steh ja nicht auf!«, befahl die Katze ihm. »Ich muss ein bisschen Zukunft heraufbeschwören. Wenn du dazwischen aufstehst, würde dir zuerst schwindlig, und dann würdest du umfallen und ohnmächtig werden!«

Rafi nickte gehorsam, setzte sich im Sessel zurecht und ließ Tinka nicht aus den Augen.

36

Eine Weile blieb es still und es passierte gar nichts. Dann begann die Katze, unverständliche Laute vor sich hin zu murmeln. Es klang wie ein Gemisch aus Schnurren, Fauchen und Fetzen einer fremden Sprache. Und plötzlich weiteten Tinkas Augen sich, sie wurden riesengroß und schienen mit ihrem leuchtenden Grün den ganzen Raum zu füllen. Bald begannen sie Funken zu sprühen – zuerst zaghaft, dann immer wilder und bunter, bis sie einem lautlosen Feuerwerk glichen.

Rafi verfolgte dieses Schauspiel mit angehaltenem Atem – und da: Auf einmal bildeten die bunten Funken Formen, um sich jedoch gleich darauf wieder aufzulösen und in neue überzugehen. Es war wie ein Trickfilm im Zeitraffer. So blitzschnell ging das alles, dass es Rafi vor den Augen flimmerte!

Endlich teilte sich das Feuerwerk in zwei wirbelnde Kreise. Sie kamen nach und nach zur Ruhe und standen schließlich über Tinkas Kopf still. Dann aber begannen sie sich zu dehnen und zu formen, und ein paar Minuten später waren zu Rafis Erstaunen zwei kleine Kätzchen daraus entstanden!

Kaum waren sie komplett geformt, begannen sie auch schon im Zimmer herumzutoben. Sie rannten, purzelten übereinander und jagten sich, wie es alle kleinen Katzen der Welt tun. Rafi lachte, wollte aufspringen und sich eins von ihnen schnappen. Doch schnell erinnerte Tinka ihn an ihre Warnung:

»Nicht aufstehen – was hab ich dir gesagt?! Du kannst sie sowieso nicht anfassen, sie sind nur Schemen!«

Folgsam rutschte Rafi wieder in den Sessel zurück. Tatsächlich war ihm schon ein bisschen schwindlig geworden – benommen schüttelte er den Kopf und rieb sich die Augen. Und weiter tobten die zwei Geschöpfe wie echte Katzenkinder durchs Zimmer: Sie spielten Nachlaufen, balgten sich, sprangen über Tisch und Stühle und kletterten sogar an Rafis Hosenbeinen hoch, ohne dass er das Mindeste davon spürte. Er streckte seine Hand nach ihnen aus – doch er griff ins Leere.

»Ich hab's dir doch gesagt«, erklärte Tinka nochmals geduldig, »du kannst sie nicht anfassen. Es sind nur ihre Schatten. Aber sind sie nicht

37

hübsch, Rafi? Genauso werden sie aussehen, wenn sie geboren sind, und dann kannst du wirklich mit ihnen spielen.«

»Tinka ... bist du ganz sicher, dass ich nicht träume?«

»Aber ja!« Tinka schien zu lächeln und verfolgte mit mütterlichem Blick das ausgelassene Spiel der beiden Schattenwesen.

Doch bald wurden ihre Augen wieder groß und streng. Sie murmelte ein paar unverständliche Worte, und husch! flogen die Kätzchen zurück über ihren Kopf, verloren allmählich ihre Gestalt und verwandelten sich wieder in zwei wirbelnde Kreise.

»Ach, wie schade!«, rief Rafi enttäuscht. »Lass sie doch noch ein bisschen ... «

»Psst! Sei still!«, zischte Tinka unwillig. »Stör mich jetzt nicht!«

Sie schien große Mühe zu haben, die zwei tanzenden Funkenbälle wieder in ihre Gewalt zu bekommen. Sie hüpften übermütig auf und ab, wollten sich zu neuen Gestalten formen und sich nicht bändigen lassen. Doch endlich, nachdem Tinka ein energisches Fauchen ausgestoßen hatte, lösten sie sich in einzelne Fünkchen auf und verschwanden schließlich ganz.

Tinka atmete auf, erhob sich und schüttelte sich kräftig.

»Puh«, sagte sie dann, »manchmal ist es anstrengend – der Zauber will sich selbständig machen und die Macht übernehmen. Da muss man höllisch aufpassen! Jetzt kannst du die Jalousien wieder aufmachen, Rafi, es ist vorbei.«

Noch ganz benommen von der Zauberei stand Rafi auf und ließ wieder Licht ins Zimmer.

»Sag mal, Tinka«, fragte er dann nachdenklich, »wenn du die Zukunft herbeizaubern kannst, kannst du das denn auch mit der Vergangenheit? Zum Beispiel die Zeit, wo deine Vorfahren bei den Pharaonen gelebt haben?«

»Natürlich kann ich das.«

»So, dass man alles angucken kann: den Palast, den Pharao, euch – und die Menschen, wie sie damals gelebt haben?«

»Ich kann es, aber es ist sehr schwierig. Und es wäre viel zu unheimlich für dich, du würdest nachts nicht mehr schlafen können.«

»Ach, das glaube ich nicht! Ich würde das alles so gern mal sehen ... «

»Vielleicht später mal, wenn du größer bist«, sagte Tina ausweichend. »Oh, sieh nur«, rief sie dann erfreut, als Rafi die Fensterläden ganz zurückgeschlagen hatte. »Der Sturm ist vorbei!«

Tatsächlich hatte der Sandsturm sich inzwischen gelegt. Der Himmel war blau, als wäre nichts gewesen, und helles Sonnenlicht flutete ins Zimmer. Tinka machte einen Buckel und reckte sich.

»Endlich können wir raus! Ich gehe jedenfalls jetzt in den Garten.«

»Schade«, sagte Rafi bedauernd. »Es war so schön mit dir!«

»Wenn ich irgendwann wieder Langeweile habe«, versprach die Katze, »dann plaudern wir mal wieder zusammen. Aber vergiss nicht: es bleibt unter uns! Es wäre auch sinnlos, wenn du das jemandem erzählst, es würde dir sowieso keiner glauben.«

»Da hast du wahrscheinlich recht ... ich kann's ja selbst immer noch nicht glauben.«

In dem Moment öffnete sich die Wohnungstür und Rafis Schwester Mona kam herein.

»Wie, du bist noch hier?«, fragte sie erstaunt, als sie Rafi sah. »Ich dachte, beim ersten Sonnenstrahl wärst du bestimmt sofort nach draußen gerannt.«

»Oh, hier war's viel interessanter!«, antwortete Rafi und setzte eine geheimnisvolle Miene auf. »Übrigens: Hat noch keiner von euch gemerkt, dass Tinka Junge kriegt?«

»Tinka ... Junge?« Mona sah überrascht auf die Katze und betrachtete sie scharf. Dann wandte sie sich wieder zu ihrem Bruder: »Was erzählst du da für einen Blödsinn. Tinka ist schlank wie ein Schilfrohr!«

»Nun ja, man sieht's ihr vielleicht noch nicht an«, erklärte Rafi großartig. »Aber trotzdem: Sie kriegt Junge. Ich weiß es. Ich habe einen Blick dafür!«

»Sieh mal an, was du nicht sagst!«, rief Mona voller Spott. »Der Herr Bruder ist wohl plötzlich ein Katzendoktor und hat Röntgenaugen, wie? Wenn du mir einen Bären aufbinden willst, musst du dir schon was Besseres einfallen lassen.«

»Willst du wetten?«, fragte Rafi und streckte ihr die Hand entgegen.

»Ach, lass mich doch in Ruhe mit deinen ewigen Wetten. Der Sturm hat dir wohl zu viel Sand ins Gehirn geblasen!«, sagte Mona schnippisch, tippte sich an die Stirn und ging aus dem Zimmer.

»Du wirst schon sehen, dass ich recht habe!«, rief Rafi frohlockend hinter ihr her.

Dann zwinkerte er verschwörerisch der Katze Tinka zu, öffnete die Wohnungstür – und beide sausten übermütig ins sonnige Freie.

DAS PLATTENBAU-ROTKÄPPCHEN

Michalis Patentalis

Meine Mutter sagt, dass hier in der Stadt viele Wölfe leben. Deswegen soll ich vorsichtig sein. Ich soll nichts von Fremden annehmen, was auch immer das sein sollte. »Auch keine Süßigkeiten!« Das hat sie noch besonders betont.

Meine Mutter sagt, die Wölfe in der Stadt sind gefährlicher als die Wölfe im Wald, da sie sich in Menschen verwandeln können. Jetzt verstehe ich, warum unsere Vermieterin mich jedes Mal so böse anguckt, wenn ich laut singe.

Morgens, wenn ich zur Schule gehe, betrachte ich die Wohnungstüren im Treppenhaus mit Angst. Sie scheinen mich spöttisch zu beobachten, und ich denke, dass jeden Moment ein Wolf rauskommt und mich fressen wird.

Eines Tages, als ich mit meinen Freundinnen Bockspringen spielte, meldete sich die Frau, die unter uns wohnt, und beschwerte sich. Ich hörte, wie meine Mutter zu ihr sagte: »Ja, aber sie ist doch noch ein Kind!«. Wahrscheinlich wollte sie mich fressen, und meine Mutter meinte – um mich zu retten – ich sei noch zu klein und es würde sich nicht lohnen. Wisst ihr, ich bin ja auch ziemlich dünn.

Als wir kürzlich zum Einkaufen gingen, erfuhr ich zum ersten Mal etwas über die Herkunft meiner Familie. Und das kam so. Im Kaufladen gab es viele Süßigkeiten, und ich bekam Lust auf Gummibärchen. Da ich ja von Fremden keine Süßigkeiten annehmen durfte, nahm ich sie mir eben direkt aus dem mir bekannten Geschäft und steckte mir eins in den Mund. Dem Ladenbesitzer aber, der das sah, wuchsen plötzlich Haare auf den Händen und er ging auf mich los, um mich aufzufressen. Zum Glück trat meine

Mutter dazwischen und rettete mich im kritischen Moment vor dem Maul des Ladenbesitzers.

»Nimm deine Rotzgöre hier weg, du dumme Ziege!« schrie er, und aus seinem Mund grollten eigenartige Worte, die einem Wolfsgeheul glichen. Meine Mutter nahm mich an der Hand und wir rannten aus der Höhle des Ladenbesitzers. Sie weinte den ganzen Weg lang, und ich wusste nicht, wie ich sie trösten sollte. Nun hatte ich also schon wieder etwas vermasselt.

»Es tut mir leid, Mutter, woher sollte ich denn wissen, dass sich die Wölfe auch in Lebensmittelhändler verwandeln können! Und du, Mama, hast mir aber auch nie gesagt, dass wir von Ziegen abstammen. Wenn ich das gewusst hätte, wäre ich vorsichtiger gewesen, denn ich weiß doch, dass Wölfe es auf Ziegen abgesehen haben.«

Am nächsten Tag in der Schule sollten wir einen Aufsatz über unser Lieblingstier schreiben. Ich schrieb natürlich, wie man sich denken kann, dass ich von allen Tieren am liebsten die Ziege mag. Als die Lehrerin am darauf folgenden Tag meinen Aufsatz in der Klasse vorlas, lachten die Kinder in einem fort. Vor allem diese unausstehliche Melanie, die in ihrem Aufsatz geschrieben hatte, dass ihr Lieblingstier der Wolf sei, lachte ironisch und zeigte mir ihre Zähne, um mir Angst einzujagen. Ich hatte ihre Verwandtschaft zu dem Lebensmittelhändler in unserer Nachbarschaft sowieso schon bemerkt. Wenn sie mit ihrer Mutter zum Einkaufen in den Laden ging, gab er ihr eine Handvoll Gummibärchen und nahm ihre Mutter mit ins Hinterzimmer, um ihr, wie er sagte, neue Strumpfhosen zu zeigen. Melanie aß so viele Gummibärchen, dass ihre Backen vom Hochgenuss rot anliefen. Auch ihre Mutter hatte ganz schön rot angelaufene Backen, wenn sie aus dem Hinterzimmer des Ladenbesitzers kam. Sicher aß auch sie dort Gummibärchen, die er ihr heimlich gab. In der Nachbarschaft behaupten böse Zungen, dass der Ladenbesitzer sie befingert. Was für ein Unsinn! Wie sollen denn alle seine Finger in ihren Mund passen, wenn man dazu noch bedenkt, was für riesige geschwollene Pranken, wie Schaufeln, der Ladenbesitzer hat. Melanie gab auf jeden Fall damit an, wie viele Gummibärchen sie täglich aß, und ich spielte vor lauter Neid nie mit ihr. Sie war mir unausstehlich.

In mein Zimmer dringen am Abend noch andere Menschen ein; das heißt: ihre Stimmen, denn ihre Körper befinden sich auf der anderen Seite der Wand. Sie besuchen mich, kurz bevor ich einschlafe.

»Mach schon, Alte, ich kann mich nicht mehr halten«, ist eine schwere, tiefe Stimme zu hören.

»Ich komme schon, mein Lieber«, antwortet eine hohe Stimme.

Dann hört man Quietschen und Stöhnen und am Ende wieder die tiefe Stimme: »Geschafft!« und die hohe Stimme: »So schnell?«.

Und dann Stille.

Ich habe das mit meinen Freundinnen besprochen und sie meinten, sie würden Abends Ähnliches hören. Laura behauptete sogar voller Überzeugung, dass es sich um Wolfsstimmen handelt, die Ziegen fressen.

»Und woher willst du das wissen, Laura?«, fragten wir sie neugierig.

»Ganz einfach« antwortete sie. »Sie fressen die Ziege zusammen, und der eine Wolf ist eher fertig und deswegen sagt er: ›Ich bin fertig‹, und der andere antwortet: ›So schnell?‹«.

Wir sahen sie ungläubig an und beschlossen alle zusammen, Mustafa zu fragen, der immerhin zwei Jahre älter war als wir und auf alle Fragen eine Antwort hatte.

»Er bespringt sie«, sagte dieser mit einer Gewissheit, die keinen Zweifel duldete.

»Was erzählst du uns da von Wölfen und Ziegen!«, machten wir uns dann über Laura lustig. »Du hast wohl zu viel Fantasie. Die Erwachsenen spielen ebenso wie wir Bockspringen, und wenn dann jemand müde wird, sagt er ›ich bin fertig‹ und der andere antwortet ›so schnell?‹. Du hast uns mit deinen Märchen ja zu Tode erschreckt.«

Jetzt wo ich das weiß, kann ich nachts besser einschlafen, denn diese Stimmen klingen für mich spielerisch. Bockspringen ist ja auch was Schönes, und es macht die Menschen so glücklich.

Vor ein paar Tagen kam meine Mutter traurig von ihrer Arbeit zurück, sie weinte so sehr, dass die Haut auf ihrem Gesicht alle Farbe verlor. Ich sah es erschrocken an, aber sie beruhigte mich mit den Worten: »Das ist nur mein Make-up, mein Kind, mach dir keine Sorgen.«

»Was ist denn das schon wieder, Mutter, ›Make-up‹, das sich mit den Tränen ablöst wie eine Schlangenhaut?«

»Das ist die Schminke, die ich jeden Morgen vor meiner Arbeit auflege«, entgegnete sie und wischte ihre Wange mit einem Taschentuch ab. Es sah aus wie ein Fluss voller Schlamm.

Ja, Mensch, natürlich! Was bin ich nur für eine dumme Gans! Damit die Wölfe nicht erkennen, dass sie eine Ziege ist, malt sie sich an, und so besteht keine Gefahr, dass diese auf sie losgehen. Hey Mama, wie klug du doch bist und was du alles weißt!

»Aber warum weinst du, Mutter?«

»Ich bin entlassen worden«, antwortete sie und fing an zu schluchzen.

Ich wusste nicht, wie ich sie trösten sollte. Ich streichelte ihre Haare und sagte:

»Vielleicht solltest du dein Make-up wechseln, Mutter.«

Sie nahm mich in die Arme. Ihre tränennassen Wangen klebten auf meinem Gesicht. Sie färbten meine Kinderseele, so als wollten sie mich zum Komplizen machen in dieser Demaskierung. Wir schliefen so umarmt ein, traumlos.

Eine Arbeit fand meine Mutter nicht, dafür aber einen neuen Freund.

»Anna, komm mal her, ich will dir einen Freund vorstellen«, rief sie mich, und dies war für mich eine passende Gelegenheit, von diesen elenden Rechenaufgaben wegzukommen, die meinen Kopf immer wieder quälten und mich vom Spielen abhielten.

»Hallo Anna. Ich heiße Dimitri«, sagte er und gab mir seine Pranke mit eklig behaarten Fingern.

Er war mir sofort unsympathisch.

»Wisch dein Make-up ab, damit ich sehe, wer du bist«, sagte ich zu ihm und versteckte mich hinter dem Sessel, gewappnet für den eventuell anstehenden Angriff.

»Welches Make-up?«, fragte er verwundert und sah meine Mutter ratlos an.

»Anna!« rief meine Mutter ganz entsetzt, »was für Sachen sagst du denn zu Herrn Dimitri? Entschuldige dich auf der Stelle!«

Ich legte mich auf den Boden mit dem Gesicht auf dem Teppich und hielt die Arme schützend über meinen Kopf, so als würde jeden Moment die Decke auf mich herabstürzen und unter sich begraben. Ich sollte mich entschuldigen bei einem Wolf, der als Geliebter verkleidet in unsere Wohnung gekommen war, mit Goldkette und Kreuz um den Hals, als käme er geradewegs aus dem Kloster unserer Stadt? Nein, das ging zu weit. Ich würde alles tun, um meiner Mutter zu zeigen, was hinter diesem ›Herrn‹ steckte. Ich kroch heimlich bis zu ihren Füßen und fing mit den Händen vor meinem Mund, so dass meine Stimme nur für sie hörbar war, an zu flüstern:

»Geißlein versteckt euch,
der böse Wolf steht vor euch,
rennt schnell ins Versteck,
so seid ihr alle weg ...«

Ich kam nicht dazu, mein verschwörerisches Lied zu Ende zu singen, da Dimitri aufgebracht aufsprang. Aber statt sich auf uns zu stürzen, wie ich gedacht hatte, ging er zur Wohnungstür und rief: »Wo bin ich denn bloß hingeraten, hier wohnen wohl nur Verrückte!«

Als ich sicher war, dass er aus unserer Wohnung verschwunden war, kam ich aus meinem Versteck heraus und rief voller Begeisterung:

»Wir haben ge-ge-gewooooonnen ...«

Meine Mutter nahm ihren Pantoffel in die Hand und jagte mich durch die Wohnung, indem sie laut ihr Schicksal verfluchte, und mich dazu, weil ich so schwierig und aufmüpfig war. Und ich – völlig außer Atem – verfluchte unsere Ziegenherkunft und bat Gott darum, mir meinen Vater zurückzuschicken, der eines Abends aus dem Haus gegangen war und nicht mehr zurückgekommen ist.

Erschöpft von den Schimpftiraden, den Flüchen und den Erinnerungen fielen wir beide auf den Boden. Nachdem wir eine Schweigeminute eingehalten hatten für die, die wir verloren hatten, legten wir uns Arm in Arm auf das Sofa.

Und dann erzählte mir meine Mutter das Märchen von Rotkäppchen und dem Wolf, der aber ein guter Wolf war, weil er echt war.

DER VON-ALLEM-ETWAS BAUM

Doris Trampnau

In der Nähe des Dorfes, weit weg von Lärm und Unruhe der Stadt, stand auf einem kleinen Hügel ein großer Baum. Er war schön anzusehen, hatte einen kräftigen Stamm und starke Äste. Seine Blätter gaben ihm ein herrliches Kleid. Die Vögel bauten Nester in seinen Zweigen, und viele Kinder kamen zu ihm. Sie kletterten in seinen Ästen oder wippten munter auf ihnen herum, waren vergnügt und lachten. Oder sie saßen glücklich nebeneinander unter seinem Blätterdach und erzählten sich etwas. Sie spielten auch vor dem Baum, liefen um ihn herum und waren einfach gern in seiner Nähe.

Darüber war der Baum sehr glücklich.

Auch Erwachsene kamen, lehnten sich an seinen Stamm, plauderten unbekümmert und lachten. Sie erfreuten sich am Augenblick. Oft hatten sie Decken dabei und Körbe voller leckerer Sachen. Und er, der Baum, spendete Schatten, während sie ihr Picknick genossen. Auch das machte ihn sehr glücklich. Wenn er hörte, dass die Menschen gut über ihn sprachen, bewegte er verlegen seine Zweige im Wind.

Immer stand er mitten im Leben. Eigentlich hätte er allen Grund gehabt, zufrieden zu sein. Doch auch, wenn es so viel gab, was ihm sein Dasein erfüllte, so gab es etwas, was ihn sehr bedrückte: Er trug keine Früchte, und darüber war er oft traurig.

Nachdenklich sagte er zu sich: »Wenn ich Birnen tragen würde, dann wüsste ich, dass ich ein Birnbaum wäre. Ober wenn ich Kirschen an meinen Zweigen hätte, wäre ich ein Kirschbaum. Trüge ich Äpfel, so wüsste ich genau, ich wäre ein Apfelbaum. Aber ich trage keine Früchte. Was bin ich eigentlich?«

Der Baum fragte sich wieder und wieder. Weil er aber keine Antwort wusste, wurde er immer stiller.

»Mit unserem Baum stimmt etwas nicht«, bemerkte eines Tages ein Kind.

»Wie meinst du das?«, fragte ein anderes.

»Ich weiß nicht so recht, aber manchmal denke ich, dass er traurig ist. Sieh her, seine Blätter fallen bereits, und es ist erst Sommer.«

Auch die Tiere wunderten sich, denn ihnen war die Veränderung ihres Freundes ebenfalls nicht entgangen. Stets hatte der Baum aufrecht gestanden und jeden Ast voller Stolz getragen. Nun schien es, als ob er sich hängen ließ.

»Was ist mit dir?«, erkundigte sich ein Vogel. »Geht es dir nicht gut?«

»Kannst du mir sagen, was ich bin?«, fragte da der Baum.

»Sicher kann ich das. Du bist ein Baum«, antwortete der Vogel und wunderte sich beinahe noch mehr.

»Nein, so meine ich das nicht. Das weiß ich. Aber was für ein Baum bin ich? Ich trage keine Früchte, und das macht mich traurig«, erwiderte der Baum.

»Du brauchst keine Früchte. Ich mag dich auch so, wie du bist«, meinte der Vogel und zwitscherte ein Lied, um den Baum aufzumuntern. Doch der ließ nur bekümmert ein paar Blätter fallen.

Da landete ein Rabe auf seinem Ast, um eine Rast einzulegen. Er krallte sich fest ins Holz, sortierte seine Flügel mit seinem starken Schnabel und begrüßte ihn sichtlich erleichtert: »Hallo. Ach wie schön, dass es dich und deine starken Äste gibt!«

Müde lächelte der Baum, und der Rabe fragte verdutzt: »Was ist denn mit dir?«

»Ach, weißt du, ich werde immer trauriger«, seufzte der Baum.

»Das verstehe ich nicht. Du hast doch gar keinen Grund dazu. Sieh' mal, ich habe dir gerade ein Kompliment gemacht. Kannst du dich denn nicht darüber freuen?«

»Verzeih mir. Ich bin wohl zu sehr mit meiner Traurigkeit beschäftigt.«

»Nun sag mir doch, was dich bedrückt«, erkundigte sich der Rabe besorgt.

»Ist dir schon einmal aufgefallen, dass ich keine Früchte trage«, platzte der Baum heraus.

»Hm«, machte der Rabe und sah sich den Baum genauer an. »Jetzt, wo du es sagst, fällt es mir auf. Aber das ist doch nicht so wichtig. Ich meine, warum musst du denn unbedingt Früchte tragen?«

»Damit ich weiß, was ich bin«, flüsterte der Baum.

»Ach so«, der Rabe hob ratlos seine Flügel. »Da kann ich dir leider nicht helfen. Für mich bist du der Baum. Ich mag dich, genauso wie du bist. Du solltest nicht traurig sein über etwas, das du nicht hast, sondern glücklich über das, was du hast.«

Der Baum war sprachlos. »Ich werde darüber nachdenken, versprochen«, meinte er dann leise.

»Du bist ein schöner, großer Baum, und ich habe mich gerade in deinen Zweigen sehr gut erholt. Dafür danke ich dir. Aber jetzt kann ich leider nicht länger bei dir verweilen. Schade. Bis bald, mein Freund. Ich muss nun weiter.« Und schon flog der Rabe davon.

»Ich sollte wirklich aufhören, so traurig zu sein, sonst kommt der Rabe vielleicht nicht mehr wieder. Oder die Kinder bleiben im Dorf und die Menschen suchen sich einen anderen Baum. Die Vögel bauen vielleicht keine Nester mehr in meinen Zweigen, oder ... ?« Der Baum fühlte sich plötzlich ganz schlecht. Er war verzweifelt. »Ich hätte meine Zweige nicht so hängen lassen dürfen. Oh, was mach ich nur? Ach, würde ich doch nur eine Frucht tragen, damit ich wüsste, was ich bin. Dann wäre ich auch ganz bestimmt zufrieden und alles wäre gut.«

Die Kinder hatten gehört, was ihren Baum bedrückte. Oft hatten sie sich ihrem Freund anvertraut. Er hatte es immer wieder geschafft, die Kinder zu trösten und ihnen Kraft zu geben. Nun wollten sie den Baum wieder glücklich sehen. So liefen sie rasch über die Wiesen zum Dorf. Es wurde still um den großen Baum, und die Nacht bedeckte ihn mit Dunkelheit.

Am nächsten Morgen zwitscherten viele Vögel in seinen Zweigen. Lauter und schöner, als je zuvor.

»Was ist denn das?«, fragte der Baum und bewunderte die roten Früchte, die plötzlich an ihm hingen.

»Das sind Kirschen. Du trägst nun Kirschen. Du wolltest doch Früchte tragen, oder?«, sagte ein Vogel und flatterte fröhlich um die vollen Äste und Zweige herum. Die anderen zwitscherten und trillerten munter dazu.

Der Baum streckte sich neugierig. Augenblicklich fühlte er sich besser, als ob er auf einmal wichtig und einzigartig geworden wäre.

»Ihr habt mir Früchte mitgebracht, ich kann es kaum glauben.« Der Baum freute sich.

Dann waren auch schon Stimmen zu hören. Die Kinder kamen gelaufen, und sie schleppten einen riesigen geflochtenen Korb mit. Aufgeregt lachten sie ihren Baum freundlich an.

»Wir haben eine Überraschung für dich«, kicherte ein Kind.

Und flugs kletterten sie in den Baum. Die Äpfel, Birnen, Pflaumen und Pfirsiche hängten sie in seine Zweige. Der Baum konnte sein Glück nicht fassen. Das frische Obst duftete, und er fühlte sich so prächtig wie noch nie in seinem Leben. Als die Kinder fertig waren, standen sie mit leuchtenden Augen vor ihm. Auch die Vögel waren begeistert, sie bewunderten ihren Baum und pfiffen munter drauf los.

»Du siehst wirklich klasse aus«, jubelten die Kinder einstimmig.

»Und was bin ich jetzt für ein Baum?«, fragte er, der ja nun reichlich viele Früchte trug.

»Das ist doch ganz klar, oder?«, rief ein Kind vorlaut und sah den Baum strahlend an: »Du bist ein Von-allem-etwas-Baum.«

»Ein Von-allem-etwas-Baum ...?«, wiederholte der Baum bedächtig. »Das gefällt mir.«

»Du siehst sehr glücklich aus«, hörte der Baum von allen Seiten. Ein kleiner Junge stand vor ihm. Er hatte seine Arme in die Seiten gestemmt nickte mit überzeugender Miene.

»Das bin ich ja auch«, erwiderte der Baum, fast ein wenig beschämt.

Die Kinder nahmen sich bei den Händen und tanzten vergnügt um den Baum herum. Sie feierten noch eine Weile, dann zogen sie singend und hüpfend davon. Auch die Vögel begaben sich in die Lüfte.

So verging der Tag. Als der Abend gekommen war und Stille den Baum umgab, ließ sich der Rabe in den Zweigen nieder. Der Baum hatte ihn nicht kommen hören. Viel zu sehr war er mit den Früchten beschäftigt gewesen.

»Wie ich sehe, hast du Früchte bekommen?«, stellte der Rabe fest. »Ist es nun so, wie du es wolltest?«

»Ich weiß nun, was ich bin«, lächelte der Baum zufrieden.

»Und was bist du?«, fragte der Rabe.

»Ich bin ein Von-allem-etwas-Baum. So sagte es jedenfalls eines der Kinder.«

»Aber das bist du nur für den Augenblick«, entgegnete der Rabe. Er blickte den Baum eindringlich an.

»Was meinst du damit? Wie soll ich das verstehen?«

»Nun, im Moment trägst du wirklich Früchte. Aber sie werden gegessen werden«, sprach der Rabe und steckte sich genüsslich eine Kirsche in den Schnabel. »Die sind wirklich gut«, sagte er und bediente sich weiter. »Stört es dich, dass ich sie esse?«

»Nein, keineswegs«, antwortete der Baum. Ein wenig erstaunt war er schon, konnte er sich doch keinen Reim machen, worauf der Rabe hinauswollte.

»Früchte, die du von anderen bekommst, sind schnell vergänglich. Die eigentliche Frucht trägst du in dir selbst. Sie wächst und gedeiht in dir, und wenn sie gereift ist, wird sie für diejenigen sichtbar, die dich so sehen, wie du bist«, erklärte der Rabe. »Du bist ein wunderbarer Baum. Du hast einen kräftigen Stamm, und deine Krone gleicht einer Kugel. Du trägst Blätter, spendest Schatten und bietest Schutz. Du erfreust Groß und Klein, und darum bist du wichtig. Du bist du. Und ich werde immer wieder zu dir kommen, auch wenn deine Früchte längst vergangen sind.«

»Ich glaube, ich bin ziemlich dumm gewesen, hm?«, gestand der Baum, der dem Raben aufmerksam zugehört hatte. Plötzlich begann er zu verstehen und lachte laut auf, als der Rabe eine Kirsche nach der anderen verspeiste.

»Du bist nicht dumm gewesen, du wolltest nur etwas haben, was du gar nicht brauchst. Obwohl, wenn ich es mir recht überlege, die Idee mit den Früchten war wirklich von Vorteil. Zumindest für mich«, lachte der Rabe.

»Ich glaube, ich weiß jetzt doch, was ich bin«, rief der Baum voller Freude.

»Was denn?«, fragte der Rabe und spuckte den letzten Kirschenstein aus.

»Ich bin vor allem der Freund von einem, der meine Früchte in seinem Schnabel trägt.«

Da mussten beide schallend lachen und nicht nur der Baum war so richtig glücklich.

NONA, DER KLEINE DELFIN

Marion Schneider

Nona, der kleine Delfin, hatte sich in den Weiten des Ozeans verschwommen. Sie suchte und suchte, um ihre kleine Bucht in den warmen Gewässern wieder zu finden. Doch es wollte ihr nicht gelingen. Ängstlich rief sie nach ihrer Mutter. Aber sie konnte keine Antwort hören. Eine üble Ohrinfektion erschwerte es ihr. Nona wurde immer verzweifelter und schwächer, je mehr sie rief. Bald war sie so schwach, dass sie nicht einmal mehr rufen konnte. Traurig ließ sie sich in der Strömung treiben.

Da schwamm ein schöner, glänzender Hai vorbei. Als er Nonas trauriges Gesicht sah, hielt er an.

»Guten Tag, junge Frau«, sagte er zu ihr. »So allein hier? Kann ich ein wenig Gesellschaft leisten?«

»Ach, ich habe meine Familie verloren«, erwiderte Nona

Der Hai hatte Mitleid. »Komm mit zu mir«, schlug er vor, »das wird dich auf andere Gedanken bringen. Und da kannst du dich etwas ausruhen.« Tröstend fügte er hinzu: »Inzwischen wird deine Familie dich sicherlich vermissen und schon längst nach dir suchen.«

Nona nahm die Einladung an. Noch einmal tauchte sie kurz an die Wasseroberfläche, um Luft zu holen, dann begann die Reise.

»Meine Stadt heißt Überallstadt«, informierte der Hai Nona mitteilsam, während beide über Sandbänke stoben und durch dichtbewachsene Unterwasserwälder schwammen. »Die Errungenschaften unserer Kultur sind einzigartig. Wir sind sehr stolz darauf. Ich werde dir alles zeigen.«

Langsam wurde die Landschaft felsiger und die bunten Korallenbänke von grauen, algenüberzogenen Riffen abgelöst. Dann sah Nona ihr unbekannte Formen.

»Was ist denn das?«, fragte sie ihren Begleiter.

»Das sind Häuser. Hier leben wir, geschützt gegen unsere Feinde.«

Neugierig sah Nona sich diese Häuser von allen Seiten an. Es gab einen Eingang und ein paar Öffnungen. Niemand schaute heraus. Zwischen den Häusern huschten einige Fische hastig hin und her. Niemand schaute sie an oder begrüßte sie freundlich, wie es bei den Delfinen der Fall war, wenn jemand in ihre Bucht kam. Hier war alles eckig und kantig und genauso grau und düster wie die Felswände, die sie umgaben. Allein die Vorstellung, in diesen Kästen verweilen zu müssen, beunruhigte Nona; doch sie wollte ihren Gastgeber nicht verletzen und sagte nichts.

»Wie heißt du eigentlich?«, fragte sie stattdessen.

»Ich heiße Titan, denn ich bin stark und hart wie Stahl.«

Sie schwammen weiter. »Warum schauen denn die Einwohner dieser Häuser so traurig?«, fragte Nona und deutete auf die großen Bauten mit ihren vergitterten Öffnungen.

»Das sind unsere Gefängnisse. Hier kommen die hinein, die sich nicht an unsere Regeln halten, die Gesetzesbrecher. Die müssen hier ihre Strafen verbüßen«, erwiderte Titan, und seine Stimme klang ebenso hart und mitleidlos wie der Stahl, nach dem er benannt war.

Angstschweiß trat Nona auf die Stirn. Sie stellte sich vor, hier eingesperrt zu sein. Ach, wie schnell würde sie dann sterben, denn sie brauchte die Möglichkeit, nach oben zu schwimmen, um Luft zu holen. Diese Meeresbewohner aber lebten eingesperrt hinter Gittern. Beinahe konnte sie die Traurigkeit und Verzweiflung selbst verspüren, die ihr aus den Augenpaaren entgegen blickte.

»Das ist wirklich eine schlimme Strafe«, murmelte sie betreten.

»Das ist noch gar nichts,« brüstete sich Titan. »Wir haben noch ganz andere Strafen. Die härteste Strafe ist die Todesstrafe. Sie gebührt all unseren Feinden. Fressen oder gefressen werden, verstehst du? Wer sich nicht fügt, wer sich nicht anpasst, wer sich nicht an die Regeln hält oder wer gegen uns ist, muss dafür bezahlen. Das ist schließlich ein Angriff gegen uns und unsere hohe Zivilisation!«, antwortete Titan, während er die Flosse ausstreckte und auf einen Hügel zwischen den Felsen zeigte. »Siehst du die Erhebung dort? Das sind die Berge der Gräten derjenigen, die sich unseren Regeln nicht fügten. Oder die uns bedrohten.«

Nona schüttelte sich. »Entsetzlich!«, rief sie aus. »Hier will ich nicht bleiben. Das ist ja ein Alptraum!«

Titan schaute sie entgeistert an. Er konnte nicht verstehen, wieso seine neue Freundin von seiner Welt nicht begeistert war. Was hatte sie nur? »Du brauchst keine Angst zu haben. Ich beschütze dich. Dir wird nichts geschehen, solange ich bei dir bin«, versuchte er, ihr die Angst zu nehmen.

»Ich habe keine Angst. Aber ... Ach, Titan, du solltest meine Familie kennen. Bei uns ist alles ganz anders. Niemand soll bei uns leiden. Bei uns wird niemand eingesperrt, wenn er etwas falsch getan hat. Stattdessen helfen wir ihnen. So leben wir alle zufrieden und in Eintracht ohne Streit.«

»Doch was macht ihr mit denen, die sich nicht fügen?«

»Das kennen wir nicht. Bei uns braucht sich niemand zu fügen. Wir leben in einem großen Schwarm, und jeder ist sich seiner Verantwortung bewusst. Jeder passt auf jeden auf. Jeder einzelne ist bei uns wichtig und jeder trägt zur Gemeinschaft bei. Das Wichtigste ist doch immer, dass es uns allen gut geht, verstehst du?«

»Bei uns herrscht das Recht. Es steht über einem Einzelinteresse. Wir befolgen Gesetze!«, wiederholte Titan sein Credo. Aber es klang nicht mehr so stolz wie noch zuvor.

»Und wer macht denn eure Gesetze?«, warf Nona ein. »Ihr macht sie doch selbst. Warum macht ihr dann nicht einfach Gesetze, die für alle gut sind? Dann braucht auch niemand mehr eine Straftat begehen und muss dafür eingesperrt werden.«

Titan war ruhig geworden. »Es gibt bei euch wirklich keine Gefängnisse?«, fragte er nach. »Und niemand wird bestraft?«

Nona schüttelte ihre vorwitzige Delfinnase. »Niemand!«, rief sie mit Bestimmtheit. »Bei uns haben alle Liebe, Achtung und Respekt voreinander. Das ist entscheidend. Das ist unser einziges Gesetz.«

»Doch was tun mit denen, die sich nicht daran halten?«

»Auch sie sind Kinder unseres Volkes. Wir helfen ihnen, zu verstehen. So brauchen wir keine Strafen. Wir leben frei und ohne Angst. Das ist viel schöner, glaub es mir.«

Titan war still geworden. Stumm zogen sie die Runden um die Häuser des Dorfes. Nona hatte Titan nachdenklich gemacht. »Komm, ich zeige dir, wo ich wohne«, sagte er schließlich und schwamm voraus, die Hauptstraße hinunter zu einem kleinen, feinen Vorort. Hier erreichten sie den Palast, gebaut aus Muscheln und Kristallen. Er lag auf einem Korallenhügel.

»Hier ist mein Heim«, verkündete Titan stolz und wies auf das Schloss. »Mein Vater ist der Oberste Tyrann. Er ist unser aller Regent.«

Nona erschrak, als sie diesen Namen hörte, der Titan mit so viel Stolz erfüllte. Was war das für ein Land, in dem jemand mit einem solchen Titel regierte?

Rund um das Schloss sah es schön aus, so weit dies für die schwachen Augen von Nona sichtbar war. Leuchtquallen hüllten es in einen matten, türkis fluoreszierenden Schein. Es sah beinahe märchenhaft aus. Da öffnete sich das Portal, und Mutter Tyrann schwamm ihnen entgegen.

»Willkommen bei uns. Kommt herein und macht es euch gemütlich!«, forderte sie die beiden auf.

Nona trat ein, wohl wissend, dass sie nicht mehr lange würde bleiben können. Bald brauchte sie wieder Luft. »Möchtest du etwas essen?« Nona verneinte dankend. »Dann wird mein Sohn dir unser Schloss zeigen wollen«, sagte die Mutter mit einem Lächeln. Nona durfte die Räume, Säle, den Garten und den Springbrunnen in Augenschein nehmen.

Zwischendurch war Nona noch einmal nach Luft aufgetaucht und hatte gesehen, dass es inzwischen Nacht geworden war. Das Schloss war erleuchtet. Sie wurden in den Speisesaal gebeten. Dort wartete man bereits mit dem Essen. Der Oberste Tyrann saß oben am Tisch, rechts und links von ihm war die restliche Familie versammelt, die Brüder und Schwestern von Titan, Onkel und Tanten, Cousins und Cousinen. Am unteren Ende saß Titans Mutter. Zwei Plätze waren noch frei, direkt neben Titans Vater. Ein Fisch mit schwarz-weiß-grünen Längsstreifen bat sie, Platz zu nehmen, und legte ihnen ein saftiges Stück des Thunfisches auf einen silbernen Teller.

»Meine Lieben, ich freue mich, unseren Gast begrüßen zu können«, sagte Titans Mutter und stellte Nona der Familie vor.

Titans Vater nickte freundlich. »Wie gefällt es dir hier?«, fragte er.

Um ehrlich zu sein, Nona wusste nicht so recht wie sie es sagen sollte. Unhöflich wollte sie nicht sein. Aber lügen mochte sie auch nicht. Schließlich entschloss sie sich zur Wahrheit: »Ich mag Gefängnisse nicht. Und erst recht nicht die Todesstrafe. Ich wünsche euch, dass ihr in Frieden und Eintracht leben könnt.«

Eine Totenstille breitete sich aus. Jeder hielt den Atem an. Keine Kieme bewegte sich. Dann stand der Oberste Tyrann langsam auf. »Du!«, schrie er und blickte voller Abscheu auf Nona. »Du wagst es, mir so etwas zu sagen. Das ist ... das ist ...« Vor Aufregung bekam er fast kein Wort mehr heraus. »... Da ... damit halte ich mich gar nicht weiter auf. Hinweg mit ihr. Werft sie in den Kerker. Ins Gefängnis mit ihr!«, dröhnte er, und schon hatten Wachen die kleine Delfindame rechts und links gepackt und schleiften sie aus dem Speisesaal.

»Aber Vater«, stotterte Titan, »sie hat doch gar nichts gemacht. Sie hat doch nur gesagt, was sie denkt"

»Was sie denkt?«, ging der Oberste Tyrann jetzt auf seinen Sohn los. »Was sie denkt? Sie hat nichts zu denken. Und sie hat nichts zu sagen. Sie hat sich anzupassen, unterzuordnen, zu schweigen und zu tun, was ich – ähem – unsere Gesetze sagen.«

»Aber Vater«, begann Titan wieder. »Sie wollte uns doch nur erzählen, wie es bei ihr zu Hause ist.«

»Das interessiert hier niemanden, wie es bei ihr zu Hause ist. Hier hat sie so zu sein, wie ich es will. Und damit basta. Und wenn dir das nicht gefällt, dann kannst du ihr ja im Gefängnis Gesellschaft leisten.«

»Aber Vater«, probierte Titan noch ein letztes Mal, »sie ist ein Delfin. Sie muss an die Oberfläche können, um zu atmen. Sonst stirbt sie.«

»Dann soll es so sein«, brummte der Oberste Tyrann. »Wer sich nicht anpassen kann, geht eben unter. Das spart uns Kosten und die Todesstrafe. Und jetzt Ruhe. Keine Diskussion mehr über dieses subversive Ding. Und wage es nicht, ihr zu helfen.«

Titan war schockiert. So hatte er seinen Vater noch nicht gesehen. Was war mit ihm los? Und was geschah mit seiner Freundin? Sie würde jämmerlich ersticken! Also fasste er einen Entschluss: Noch während der Nacht befreite er Nona, und in den frühen Stunden des nächsten Tages machten sie sich auf den Weg, Nonas Heimat und Familie zu suchen.

Der Oberste Tyrann und seine Frau waren erschrocken, als sie die Nachricht erhielten. Bald darauf schickten sie ihre Terrorbrigade dem Sohn hinterher – doch diese kam unverrichteter Dinge zurück. Sie schickten Wachen auf die Suche, aber auch diese konnten Titan nicht finden. So gingen etliche Jahre ins Land. Vater und Mutter wurden immer nervöser. Am Ende waren sie verzweifelt und traurig. Sie nahmen an, dass ihr Sohn ums Leben gekommen war. An Nona dachten sie schon lange nicht mehr.

Eines Tages erschien ein Bote vor ihrer Tür. Er bat um Einlass, da er eine Nachricht an den Obersten Tyrannen und seine Frau zu übermitteln hätte. »Ich wurde geschickt«, sagte er diesen, »um euch darüber in Kenntnis zu setzen, dass es Titan gut geht. Er lebt in der Warmbucht zusammen mit den Delfinen. Nachdem er lange Zeit deren Lebensweise erforschen und erleben konnte, möchte er gerne wieder zurückkommen und seine Eltern sehen. Allerdings möchte er dafür sorgen, dass auch in seiner Heimat ein friedliches Leben in gegenseitiger Achtung und in Respekt möglich sei. Er hat gelernt, wie man auch ohne Todesstrafe, Gefängnisse, Gewalt und Unterdrückung leben kann – zufriedener und glücklicher als sich seine Familie dies vorstellen könne. Wenn seine Eltern bereit wären, ihm dabei zu helfen, dies auch für die Haie zu erreichen, kommt er gerne zurück. Andernfalls bleibt er bei den Delfinen.«

Die Mutter war überglücklich mit der Aussicht, ihren Sohn wiederzusehen. Lange berieten sie gemeinsam – auch mit ihren Spezialisten und Experten. Diese Regelung würde ihre Macht in Frage stellen, ihre Stellung, ihre Rechte, ja ihr ganzes Leben und ihre ganze Gesellschaft. Und doch spiegelte die Vorstellung die geheimsten Wünsche aller wieder. Schließlich stimmten sie zu, es versuchen zu wollen. Und nur wenige Tage später konnten sie Titan in ihre Arme schließen. In seiner Begleitung kam Nona, um ihm bei seiner Aufgabe zu helfen.

Es dauerte nicht lange, und das Leben in Überallstadt änderte sich. Die neue Politik nannte sich Delfinismus – nach der Erfinderin. Schulen und Sozialeinrichtungen schossen aus dem Boden. Schon die Säuglinge wurden in die ersten Erkenntnisse des Sozialverhaltens eingewiesen. Endlich waren die Sozialarbeiter nicht mehr arbeitslos. Im Gegenteil, es wurden mehr gebraucht. Die Gefängnisse leerten sich. Die Sozialarbeiter und die verschiedenen Handwerksmeister hatten den Insassen Wissen vermittelt, das sie jetzt in der Meeresgesellschaft anwenden konnten. Man ließ sie auch in der Freiheit nicht gleich allein. Schritt für Schritt konnten sie sich an das neue Leben gewöhnen.

Der Delfinismus hatte in das Land der Haie eine Stimmung von Freundschaft und Frieden gebracht. Man half sich gegenseitig. Es wurden spezielle Friedenspolitikerinnen und -politiker ausgebildet, die den Auftrag hatten, Bündnisse mit den Feinden zu schließen. Die Verfassung des Landes wurde umgestellt. Der erste Paragraph lautete nun: ›Am wichtigsten ist die Harmonie aller Meereswesen‹. Und der zweite: ›Glückliche Haie durch ein zufriedenes Hailand‹. Und der dritte: ›Alle Kraft der Haie für den Frieden des Meeres‹.

Jahre gingen ins Land. In dieser Zeit verbreiteten sich die Nachrichten über die politischen Neuerungen in Hailand durch alle Ozeane. Auch die Delfine hörten davon und freuten sich, dass ihre Nona den Anstoß dazu gegeben hatte. Und Titan war so sehr Nonas Freund geworden, dass sich beide entschlossen, ab jetzt immer abwechselnd in der Warmbucht und in Hailand zu leben.

MONDSÜCHTIG

Todor Todorov

Vor langer Zeit, so langer Zeit, dass niemand sich richtig daran erinnern kann, gab es einmal ein Dorf. So weit entfernt, dass man nicht weiß, wo das gewesen ist. Irgendwo, so weit im Irgendwo, dass es fast nirgendwo war. Aber doch nicht ganz. Denn dort hat sich eine Geschichte ereignet. Dort haben sich sogar viele Geschichten ereignet. Aber keine von ihnen war interessant. Oder aufregend. Dort kamen Menschen zur Welt, und danach starben sie. Dazwischen aßen sie Suppe. Bekamen Kinder. Und auch diese aßen Suppe. Die Fliegen ließen sich auf den glühend heißen Dächern in der Sommerhitze nieder, und nachts heulte der Wind in den Schornsteinen. Die Winter waren schwer. Die Geschichten, die die Greise erzählten, waren träge wie der Speichel, der ihnen am Kinn hinablief. Niemand erinnerte sich an diese. Außer an diese eine. Lasst sie mich euch erzählen:

Weil das Dorf auf einem so hohen Berg lag – nach Meinung mancher so hoch, dass man fast sagen konnte außerhalb der Welt – gab es einen Tag im Jahr, an dem der Mond so tief stand, dass sich bei Vollmond seltsame Vorfälle ereigneten. Ein Mann nagelte eine Leiter zusammen – und sie war wirklich sehr lang – um zum Mond emporzuklettern, aber dort, wo er hingelangte, war nicht der Mond. Der große Mond kam und ging jedes Jahr. Undurchdringlich und unbeständig. Und jedes Mal, wenn er kam, war seine Kraft so spürbar und unwiderstehlich, dass die Bauern in der Dunkelheit aufstanden und wie nächtliche Nomaden Pferdewagen, Maultiere, einige sogar ihre Rücken mit dem gesamten Hausrat beluden und loszogen. Niemand wusste wohin. Sie gingen einfach los. Das ganze Dorf wanderte

63

wie eine Karawane durch Wälder, Sümpfe und Steine. Der große Mond war schuld. Seinetwegen geschah dies alles. Sobald eine Wolke den Mond für kurze Zeit verdeckte, kamen die Menschen wieder zu sich, aber nicht ganz, sie seufzten leicht auf und gingen weiter. Am nächsten Morgen fand sie die Sonne an irgendeinem, noch seltsameren Ort, und sie stapften müde und verwirrt zurück. Unzufrieden, vom Wind angeblasen, mit Staub auf den Fersen und mit hängendem Haar schlugen sie den Weg nach Hause ein. Und dort aßen sie wieder Suppe. Aber einige kamen am Morgen nicht wieder nach Hause und andere kehrten nie zurück.

Ich weiß es nicht.

Ich weiß nur, dass in diesem Dorf ein Schreiner lebte, der eine Tochter mit sehr dunklen Augen und süßer Haut hatte. Ihre Schultern waren sanft, schlank und schön. Als eines Tages der Vater beschloss, das Dorf zu verlassen - weil er glaubte, dass dort alles verzaubert war und das ganze Dorf wie ein Gespenst ein unfruchtbares Land bewohnte - grillte er ein Ferkel und öffnete ein paar Fässer Bier, Wein und Walnussschnaps, um sich von den Dorfbewohnern zu verabschieden. Ihm gefiel auch die Nähe des Mondes nicht, der seiner Meinung nach nichts Gutes verhieß, sondern nur das Vorgefühl von etwas Finsterem mit sich brachte. Und etwas Unbekanntem. Seine Tochter ließ er im Dorf zurück und vertraute sie der Fürsorge alter Frauen an, weil auf ihrem Gesicht Sommersprossen schimmerten,. Er dachte, der Mond male diese auf ihr Gesicht, und dass sie einen sicheren Wahnsinn versprachen.

»Eine verdammte Sache ist das«, sagte er, »in so einem Ort wie diesem hat sich sicher ein Zauberer angesiedelt, der an seiner eigenen Bosheit gestorben ist.«

Sprach es und ging den Berg hinab. Er ging lange. Ging durch wunderbare Länder, und manchmal auch durch schreckliche Orte. Er stieg in fernen Städten und fremden Dörfern ab. Und ging weiter. Manchmal traf er Landsleute – verderbende Mondsüchtige, wie man sie nannte - solche von denen, die nie nach einer Mondwanderung zurückgekommen waren. Wo er diese auch traf, machten sie immer etwas sehr Besonderes: die Menschen hielten sie für Sonderlinge und alle kannten sie. So zum Beispiel wurde einer von ihnen Zuckerbäcker in irgendeiner Stadt; seine Nachspeisen wa-

64

ren so wohlschmeckend und ungewöhnlich, dass ihretwegen in der ganzen Stadt unglaubliche Dinge passierten. Sein Gebäck brachte einen Menschen dazu, – zusammen mit seiner Katze! – in die Luft emporzusteigen und über einige Straßen hinwegzufliegen. So flaumig und leicht war ihr Geschmack. Und sein Nusskuchen brachte einen alten und bösen Anwalt dazu, sich in die Gemüseverkäuferin zu verlieben und sich um dreißig Jahre zu verjüngen! Eines Tages wurde ihm befohlen, die Stadtmauern aus Zucker zu bauen, damit jedermann wisse, dass sich dort die süßesten der süßen Sachen befänden.

Je weiter der Schreiner vom Berg hinabstieg und mit Erstaunen feststellte, wie senkrecht die Welt war, desto mehr wurden die Menschen und desto kleiner und winziger wurden ihre Wege. An einem Ort erzählte man ihm, dass er das Land der Zwerge erreiche, wenn er noch weiter nach unten ginge, wo alles so klein wäre, dass ein stärkerer Wind die kleinen Häuser abreißen und einige von ihnen an ferne Orte fortwehen würde, wo sich die Zwerge dann wundern würden, was sie dort zu suchen hätten und nicht wüssten, wie sie nach Hause zurückkehren sollten, weswegen man sie »Verlorenginglinge« oder »Zwerge von der Art Verlorengegangen« nannte.

Eines Tages erreichte der Schreiner ein finsteres, in dicken Nebel und grüner Farbe gehülltes Moor. Dort saß ein blinder Mensch in einer Pfütze und verkaufte Katzenkrallen. Allein. Er starrte ihn mit seinen weißen Augen direkt an. Ringsherum Wind. Und Grün. Plötzlich wurde alles ziemlich dunkel. »Wer würde an so einen Ort wie diesen geraten wollen?«, fragte sich der Schreiner, der müde war, weil er den ganzen Tag einem Steig gefolgt war, der sich ganz eigenmächtig hin und her gewunden hatte.

»Erinnerst du dich nicht an mich?«, antwortete der Katzenkrallenverkäufer, obwohl niemand etwas gefragt hatte. Und dann erzählte er alles. Alles.

»Es war einmal, vor langer, langer Zeit ein Zauberer, der kam vom Ende der Welt, sogar aus mehreren Enden der Welt gleichzeitig ... – so flüsterten die Zungen, auf denen Bierschaum und heiße Leckerbissen an den langen, warmen Abenden von Kneipe zu Kneipe klebten – ... Er kam immer mit einem langen, schwarzen Umhang und mit einem genauso schwarzen, breitkrempigen Hut. Wenn er irgendwo erschien, ballten sich Winde und fürchterliche Stürme auf, und alle Katzen schrien mit menschlichen Stimmen. Es geschahen auch andere, seltsame, unglaubliche, ja zweifelhafte Dinge. So zum Beispiel in einem Dorf, wo der schwarze Zauberer übernachtet hatte – wer würde es wagen, ihm eine Übernachtungsmöglichkeit zu verweigern? – Am folgenden Morgen war die Kirche verschwunden. Die Bauern wachten auf, um mit unheimlichem Erstaunen festzustellen, dass ihre Kirche sich einfach in Luft aufgelöst hatte. Wie auch der Zauberer selbst. An einem anderen Ort – zwei Tage nach dem Erscheinen des Zauberers – hatte ein Kater das ganze Dorf begattet und alle bekamen Kinder mit Katzenschwänzen.

Wenige hatten sein Gesicht gesehen, das im Schatten verschwand, wenige hatten es sehen wollen. Wenn sie abends neben dem Feuer oder am Tisch Geschichten über ihn erzählten, reichte ein Knarren eines Brettes aus, das Knallen einer fernen Tür oder ein leichter, zufälliger Windhauch, der die Flamme der Kerzen erzittern ließ, um ihre Gesichter zum Versteinern und ihre Augen in Erwartung des Zauberers zum Erstarren zu bringen.

Früher einmal war dieser Zauberer nicht so gewesen. Er war überhaupt kein Zauberer gewesen, sondern ein junger Arzt in einer sehr weit entfernten Stadt, die sich am Rande der Welt befunden hatte. Einige Reisende, die in ihrer Jugend die Welt durchwandert hatten, sagten, dass so eine Stadt wirklich existiert hatte und bevor diese untergegangen war - oder wie sie gern sagen: bevor sie der Welt entschlüpft war, an dessen Rand sie sich nicht hatte festhalten können - hatte sie den Namen Randstadt getragen. Einige ihrer höchsten Türme ragten sogar noch außerhalb der Welt empor. Und dort hatte sich der junge Arzt in ein Mädchen verliebt, dessen Schönheit zauberhaft war. Ihre schwarzen Haare fielen wie Flüsse auf ihre weiße Haut hinunter, ihre Lippen blühten auf ihrem Gesicht wie eine saftige Frucht, und ihre Augen … ihre Augen leuchteten in Grün, klar wie ein Morgenlied. Die beiden hatten sich aufrichtig lieb gewonnen und waren immer zusammen. Die Menschen sagten, dass die Schönheit des Mädchens sogar den Mond verblendete. Und so geschah es: Der hochmütige Mond, der alle Nächte beschien und sich sogar in die Träume der Menschen schlich, verachtete das wunderschöne Mädchen, und eines nachts erstarrte er am Firmament, über der Stadt hängend, und rührte sich nicht mehr von dort. Die Straßenkatzen heulten nächtelang wie Wölfe, irgendein dünner Wind wand sich zwischen den Häusern, und das Mädchen begann dahinzusiechen – von Tag zu Tag. Mit jeder Nacht wurde es hagerer und hagerer. Kam dem Tod immer näher. Und der Mond rührte sich nicht. Umsonst versuchte ihr geliebter Arzt, sie zu retten, versuchte alles, Salben, geheime Heilkräuter, magische Zeichen, Zaubersprüche ... seine ganze medizinische Kunst, alle versteckten staubigen Glaskolben, Arzneimittel und trockenen Gräser, insgeheim von Hexern gekauft, waren nutzlos. Die Krankheit des Mädchens wurde schwerer, und nach einem Monat verschwand es in seinem eigenen Schatten. Das Bett war leer. Für immer.

Betrübt und gespenstisch verließ der junge Arzt die Stadt, um nach Vergeltung zu suchen. Er wollte sich am Mond rächen, dessen geheimnisvolle und unwiderstehliche Kräfte besiegen. Man erzählt, dass seine Geburtsstadt genau an dem Tag, als er für immer davonzog, endgültig über den Rand der Welt hinabstürzte, von dem sie schon ziemlich lange Zeit herabgehangen hatte.

Er begann, alle schwarzen Künste und verbotenen Wissenschaften zu erlernen, traf Unheil verkündende Wesen, die ihn in die Zauberkunst einweihten ... und so, Tag um Tag durch die finstersten Orte dieser Welt wandernd, öffnete sich sein Herz für die dunkle Magie. Er traf Dämonen und Umherschweifer, seine Kameraden waren die schwärzesten der schwarzen Geister, und er kannte jene tausendjährigen Großmütterchen, von denen niemand hören wollte, dass sie existierten, und die vom Tod schwer geworden, von einem alten, einem uraltem Übel, besabbert in den Friedhöfen schliefen. Eines Tages fand er den grünen Sumpf, von dem er von einem Raben, einem Galgenvogel, gehört hatte – die Raben-Galgenvögel setzen sich auf einen Galgen und stehlen die Geschichten der zum Tode Verurteilten – Er hatte ihn gefunden, weil er gewusst hatte, dass dort eine dreimal tote Hexe ertränkt worden war, deren geheime Kräfte er erlangen wollte. Sie war die Hexe, durch einen Spiegel getötet, die durch die Welt getobt war seit jenen ersten Tagen, und die jene uralten, ursprünglichen Bosheiten beherrschte. Sie war so stark und kundig gewesen, dass sie den Winter, die Pest und den Hunger erdacht hatte. Niemand wagte es, sich dem Sumpf zu nähern, in dessen Boden ihr Körper ruhte - denn, man sagt, sie wartet nur darauf – und jeden, der auch nur für einen Augenblick ins Wasser schaute, traf ihr starrender, niemals blinzelnder Blick, von dem sich niemand losreißen konnte, außer er wurde für immer ihr Diener und Hüter. So ein Schicksal ereilte auch jenen jungen Tapferen, der sich erkühnt hatte, den Sumpf in einem kleinen Boot zu durchqueren, und um nicht von ihrem Blick getroffen zu werden, hatte er auf den Boden des Bootes gestarrt, aber leider, leider ... ein Brett knallte von der Feuchtigkeit und im schmalen Spalt klafften plötzlich Augen. So wurde der erbärmliche Bootsmann in einen Hüter des Moores verwandelt und war gezwungen, sich von Fröschen und Spinnen zu ernähren und die Katzenkrallen zu verkaufen, die einige Hexer und Nachtgespenster bei ihm gegen Sachen eintauschten, über die ihr besser nichts hören sollt.

Eines Abends kam der schwarze Zauberer zum Bootsmann und verlangte das Herz der schlafenden, aber immerwachen Hexe. Als er die Absage des Bootsmannes vernommen hatte, ließ der Zauberer diesen mit einer Handbewegung erblinden, woraufhin der Bootsmann durch das Moor irrte. Der Zauberer indes bestieg einen Baumstamm, erreichte die Mitte des grünen, schäumenden Sumpfes und ohne nach unten zu blicken, griff er mit der Hand hinein und riss mit seinen Fingernägeln das Herz aus dem Körper der Hexe. Er machte es schnell, in einer einzigen Bewegung. Und verschwand.

Dadurch wuchs seine Kraft um ein Vielfaches und es gelang ihm, dem bleichen, verhassten Mond eine schwere Wunde zuzufügen. Er schaffte es aber nicht, ihn vom Himmel zu holen, wie er es zuerst wollte, doch hatte er den Mond so verletzt, dass dieser langsam schmachtend jeen Monat starb wie einst seine Geliebte. Für immer würde den Mond das Schicksal dieses Todes erleiden, jedes Mal von neuem und neuem – er würde schmelzen, Nacht für Nacht, bis er zur Gänze in seinem Schatten verschwand, um danach von neuem geboren zu werden. Nur um denselben Tod erneut zu erleben.

Aber der Mond konnte die Erniedrigung, diese Strafe, nicht ertragen – er schien nicht mehr alle Nächte, und die Tage, an denen er wieder voll war und seine ganze Kraft wiederhergestellt hatte, zählten sich an den Fingern eines Verkrüppelten ab. Dann lockte er den Zauberer zu sich, und weil er ihn nicht umbringen konnte, flößte er ihm Vergessenheit ein, wie nur der Mond es kann. Er hatte ihn an einen sehr fernen, einsamen und wüsten Ort gelockt, der sich so weit oben befand, dass er fast aus der Welt emporragte, ganz wie sein Geburtsort, nur dass sich niemand mehr an ihn erinnerte. Der Mond entriss seinem Herzen jede Erinnerung und jedes Antlitz, das er dort je bewahrt hatte, und so, vom Mond verflucht, siedelte er sich auf jenem nackten Hügel an und wurde ein Schreiner. Nicht lange danach tauchte auf dem wilden Hügel ein Dorf auf und der Schreiner heiratete eine der Übersiedlerinnen, weil die blitzende Erinnerung an die Liebe und das Gesicht seiner Geliebten für immer aus ihm gelöscht waren. Er bekam eine wunderschöne Tochter, deren Schönheit einzigartig war. Aber der Mond kam jedes Jahr mit erneuten Kräften zurück und verschleppte das Dorf, wohin er wollte, indem er seine Bewohner zwang, ihr ganzes Gepäck auf Maultiere zu laden, und so viel mitzunehmen, wie er konnte, und dann ließ er sie irgendwo im Walde zugrunde gehen. So trieb er mit dem großen Zauberer seinen Spott, jedes Mal, wenn er über dem Dorf hing, und rächte sich für jeden seiner Tode. Er begann, Sommersprossen auf das Gesicht der Tochter zu malen, aber davon wurde sie nur immer schöner, leider verstand ihr Vater das nicht, denn dieser war überzeugt, dass es nur eine Kabale des Mondes war, den er intuitiv verachtete. Dann öffnete er einige Fässer mit Bier, Wein und Walnussschnaps, um sich von den Dorfbewohnern zu verabschieden und verließ das Dorf.«

So erzählte der blinde Katzenkrallenverkäufer im Sumpf und während er es erzählte, erlangte er seine Sehkraft zurück, denn es war ihm gelungen, das Gedächtnis des Zauberers wiederzuerwecken. Jetzt war er frei von der verhängnisvollen Macht der Hexe und konnte den verdammten See verlassen.

Und der Zauberer? Der Zauberer ging in das Dorf zurück, um zu erfahren, dass seine Tochter – die sich in seiner Abwesenheit zum reizendsten und zauberhaftesten Mädchen entwickelt hatte - vom Mond angelockt in einer dichten Nacht in den schwarzen, undurchsichtigen Gewässern des nahegelegenen Flusses ertrunken war. Die modrigen, bodenlosen Gewässer trugen den Körper des Mädchens irgendwo hinunter, hinunter ... weg ...

Der Zauberer, aufs Neue und zum letzten Mal erschüttert, stürzte sich ebenfalls in den Fluss, ihr hinterher – spülte immer weiter hinunter und weiter hinunter. Bis zur letzten Zauberei. Er kam nie mehr zurück.

Und im Dorf kamen die Menschen zur Welt, danach starben sie. Zwischendurch aßen sie Suppe. Und bekamen Kinder. Die auch Suppe aßen. Alles ging weiter wie gehabt. Nur die Überfälle des Mondes hörten auf, ohne dass man jemals erfuhr weshalb.

Aber wisset, sehet euch diese Nacht den Mond an – er erinnert sich noch immer.

Aus dem Bulgarischen von Svetlana Petrova

DIE STEINERNEN BRÜDER

Philipp Schmidt

Vor gar nicht allzu langer Zeit, in einem gar nicht allzu fernen Land lebten zwei Brüder. Sie hießen Emot und Logo. Der eine war launenhaft, dunkel und kräftig, der andere streng, hell und schlank. Beide waren niemals krank, und es plagte sie auch sonst kein körperliches Leiden, denn sie waren aus Stein. Bloß eines störte sie gleichermaßen: der Regen. Da ihre Füße fest in Sockeln steckten, konnten sie ihm nicht entrinnen. Leichter Niesel kitzelte sie nur an Nasen und Ohren, bei schweren Schauern jedoch verschwamm ihre Sicht, da sie ja nicht blinzeln konnten.

Wie jeden Morgen blickten sie auch an diesem besonderen Tag von ihrem erhobenen Stand herab. Es war lau, fast schon sommerlich, und die Menschenkinder versammelten sich auf dem Markt. Sie feilschten, schwatzen und gingen ihren unterschiedlichen Geschäften nach. Wie immer vergaßen sie dabei jedoch nicht, auch an die beiden Brüder zu denken. Allerhand wurde ihnen zu Füßen gelegt, um sie günstig zu stimmen: frisch gebackene Brote, reife süße Früchte und Fische, deren Schuppen in der Sonne glitzerten.

»Was sollen wir mit diesem Plunder?«, wandte sich Emot säuerlich an seinen Bruder.

»Sie sollten Brot, Früchte und Fisch besser selbst essen, ehe diese vergammeln und die Fliegen anziehen«, stimmte Logo verdrießlich zu.

»Sie sind Narren, aber sie meinen es gut«, mischte sich eine alte, bucklige Frau ein, die die Unterredung belauscht hatte.

Verwundert sahen die beiden Brüder sich erst gegenseitig an, dann die Frau.

»Du kannst uns verstehen?«, fragten sie zugleich.

»Natürlich«, krächzte das Weib, »ich bin alt genug, so ziemlich alles zu verstehen.«

Das war ihnen, seit sie dort standen, noch nie vorgekommen. Und sie standen schon sehr, sehr lange dort.

»Gute Frau, wenn du uns hören kannst ...«, setzte Emot an.

» ... dann könntest du uns als Vermittlerin dienen«, schloss Logo.

»Und was bekäme ich wohl dafür?«, murmelte die Greisin.

»Klugen Rat«, bot Logo sogleich an, »Entscheidungen, die frei sind von den Verwirrungen, die mein Bruder so gern stiftet.«

»Und du? Was bietest du mir?«, wandte sie sich an Emot.

»Mut in der Verzweiflung, jauchzende Lust und Trost in der Trauer«, unterbreitete dieser erregt sein Angebot.

»Und was versprecht *ihr euch* von meiner Hilfe?«, fragte die Alte mit einem listigen Glanz in den Äuglein.

Nun mussten die beiden überlegen. Nach einer Weile brach Logo das Schweigen:

»Ich will statt Nahrung nur Münzen in meiner Opferschale. Und wenn ausreichend darin sind, sollen die Menschen mir einen Turm bauen. Jawohl, einen Turm, der mich gegen den Regen schützt.«

»Das möchte ich auch, jawohl«, echote der Bruder feurig.

»Zwei Türme also ...«, überlegte das Weiblein laut, »... wisst ihr ...«, spannte sie die beiden auf die Folter, »... ich bin zu alt, um noch klug zu werden, Lust erlebte ich genug für zwei Leben, und meine Tränen sind alle schon vergossen. Behaltet eure Gaben.«

»Das bedeutet, du willst uns nicht helfen?«, fragte Emot enttäuscht.

Die Alte grinste. »Ich sammle ein Jahr lang für euch die Kupfer-, Silber und Goldstückchen – unter einer Bedingung.«

»Ja?«, kam es im Duett.

»Bis dahin überlegt ihr euch einen klügeren Wunsch als den Bau der Türme. Gelingt euch dies nicht, verteile ich die ganze Summe unter meinen Töchtern und Söhnen.«

Die seltsame alte Frau ging, kam aber am nächsten Tag zurück und begann wie versprochen für die beiden Brüder zu sammeln. Die Schalen an ihren Sockeln füllten sich, und die ungleichen Brüder grübelten, was die alte Frau wohl im Sinn gehabt hatte mit ihren Worten. Der Frühling ging, der Sommer kam, und noch immer wussten sie keinen Rat. Auch als später die Herbststürme übers Land fegten und den Brüdern den ungeliebten Regen ins Gesicht peitschten, vermochten sie bloß von ihren Türmen zu träumen. Schließlich kam der eisige Winter. Noch immer hatten sie keine Idee, und das einzige, was im kargen Land noch wuchs, war die Niedergeschlagenheit der zwei steinernen Brüder. Eines Abends erblickten die beiden schon beinahe Hoffnungslosen eine winzige Amsel. Ihr Schnabel pickte im gefrorenen Boden nach Nahrung.

»Vöglein«, sprach Emot, »hat man dich vergessen? Schnell, spanne deine Flügel aus und folge deinen Schwestern in den Süden.«

Traurig schüttelte es den kleinen Kopf. »Mir fehlt die Kraft, noch über den weiten Ozean zu fliegen. Wenn es doch bloß nicht so kalt und klamm wäre.«

»Wir können dir keine Wärme schenken«, bedauerte Logo. Selbst er hatte eine Träne im Auge, obgleich es so gar nicht seiner Art entsprach. »Aber leg dich doch zu uns«, bot er an.

Der Vogel hoppelte kraftlos heran und schmiegte sich in die Kuhle am Sockel, genau dort, wo sich die kleinen Zehen der Brüder beinahe berührten.

Am nächsten Morgen war das Vöglein erfroren und die steinernen Herzen der Brüder waren schwer von Traurigkeit.

Und plötzlich wussten sie, was sie sich wünschten. Ungeduldig erwarteten sie den Ablauf des Jahres. Als die Alte endlich vor sie trat und schon nach den vollen Schalen greifen wollte, um die Münzen an ihre Töchter und Söhne zu verteilen, platzte es aus Emot heraus: »Wir wollen, dass von dem Geld eine Halle errichtet wird.«

»Jawohl«, ereiferte sich Logo, »eine stattliche Halle, die uns beide vor dem Regen schützt.«

»Uns beide«, führte Emot näher aus, »und jeden anderen, der Zuflucht benötigt gegen Wind, Regen, Wetter und Kälte.«

Nur einen kleinen Augenblick zögerte das Weiblein, doch dann strahlte sie den beiden Brüdern herzlich entgegen. »Nun, ich bin so alt, dass kaum ein Wesen auf Erden nicht mein Kindlein wäre. So sei es denn.«

Bald schon begannen die Arbeiten, und einige Monde später entstand um Logo und Emot eine große Halle. Gekrönt wurde sie von einer prunkvollen gläsernen Kuppel. Tagein, tagaus brannten Kerzen im Inneren der Halle und spendeten Wärme und Licht. Flugs machte es die Runde, dass jeder, der fern von Heimat oder Familie war, bei den stummen Brüdern Zuflucht finden konnte.

Die zwei waren stolz auf sich und dankten still dem armen Vöglein, dass den einen Mitgefühl, den anderen Verstand und somit sie beide Klugheit gelehrt hatte.

DER SCHLANGENKÖNIG

Vougar Aslanov

Ein Bauer kam von der Feldarbeit und durchquerte auf dem Weg nach Hause einen tiefen dunklen Wald. Als er ein aufgeschrecktes Reh abseits des Weges verfolgte, sah er plötzlich eine Kiste.

»Was kann hier wohl drin sein?«, fragte er sich sehr neugierig und schickte sich an, die Kiste zu öffnen.

Kaum hatte der Bauer den schweren Deckel angehoben, wand sich eine große Schlange heraus und wickelte sich blitzschnell um seinen Hals. Der Bauer erschrak, als die Schlange zu reden begann: »Ich werde dich jetzt töten!«

»Aber warum?«, fragte der arme Bauer, dessen Gesicht vor Angst weiß anlief. »Ich habe dich doch aus der Kiste befreit.«

»Ich bin der Schlangenkönig. Vor zehn Jahren hat mich ein Zauberer betrogen und in diese Kiste eingeschlossen.«

»Ja, und ich habe dich nach diesen zehn Jahren befreit, sonst würdest du weiter in der Kiste gefangen bleiben. Du solltest mir dankbar dafür sein. Lass mich also bitte jetzt gehen«, flehte der Bauer die Schlange an.

»Du kommst mir nicht davon: Undank ist der Welt Lohn. Ich werde dich töten!«

»Nein, nein, bitte tue es nicht. Ich habe dir doch geholfen, ich habe dich aus der Not gerettet. Als Belohnung dafür lass mich bitte ziehen.«

»Sag, Bauer, weißt du, was es bedeutet, zehn Jahre lang in einer engen Kiste zu sitzen? Du kannst dich nicht bewegen, du kannst dich nicht ernähren, wie du möchtest. Ich konnte in diesen Jahren nur meinen Schwanz rausstrecken, um damit Mücken, Fliegen und ab und zu mal kleine Frösche zu fangen. Ich wartete drei Jahre und hoffte, dass mich jemand aus der Kiste befreit. Ich habe mir geschworen, dem, der das tun würde, meinen

77

Schatz zu schenken. Es kam aber niemand, und ich musste weiter in der Kiste verharren. Während der nächsten drei Jahre schwor ich, derjenige, der mich aus meinem Verlies befreien würde, sollte die Hälfte meines Schatzes erhalten. Niemand fand den Weg zu mir. So waren sechs Jahre verstrichen. Darauf entschied ich, der Mensch, der mich aus der Kiste befreit, sollte unbehelligt davon kommen, ich würde ihm kein Leid antun. Doch auch während der nun folgenden drei Jahre befreite mich keiner aus meinem dunklen Behältnis. Nach neun Jahren wurde ich böse und schwor, denjenigen zu töten, der auch nur den Versuch macht, die Kiste zu öffnen. Und du Unglücklicher hast es jetzt getan. Deshalb verdienst du den Tod.«

Die Schlange wollte gerade zubeißen, da flehte sie der Bauer noch einmal inbrünstig an: »Gute Schlange, bitte beiß nicht zu, gib mir die Möglichkeit zu beweisen, dass man das Gute nur mit Dankbarkeit beantworten darf.«

»Gut!«, fauchte ihn die Schlange an. »Du fragst den Nächsten, der unseren Weg kreuzt, ob man das Gute mit Dankbarkeit oder Undankbarkeit vergelten soll.«

Kurz darauf sahen sie einen alten Hund vorbeilaufen. Der Bauer sprach ihn an: »O Hund, mein Hund, du bist mein bester Freund, die Stütze des Hauses, Bewacher des Hofes, der Familie und des Reichtums, der Liebling der Kinder. Deine Treue ist in aller Munde! Halt ein für eine Minute, höre unsere Geschichte und entscheide: Wer hat recht, die Schlange oder ich?«

»Was ist denn los?«, fragte der Hund müde und traurig.

Der Bauer erzählte ihm ausführlich, was sich zugetragen hatte. Dann fragte er den Hund: »Sag du uns jetzt bitte: Wie soll man auf das Gute reagieren – dankbar oder undankbar?«

»Die Schlange hat recht«, beschied der Hund. »Sie sollte dich jetzt töten.«

»Warum? Ich habe doch nur Gutes getan, als ich sie aus der Kiste befreite, sonst würde sie dort vielleicht ewig gefangen bleiben«, entgegnete der verwunderte Bauer auf die unerwartete Antwort.

»Auf gute Taten antwortet man mit Undankbarkeit«, sagte der Hund. »Ich diente zwanzig Jahre treu meinem Herrn, schützte ihn überall, bewachte sein Haus und seinen Hof. Niemals war ihm etwas passiert, kein

Dieb, kein Erpresser, kein Wolf, kein Fuchs traute sich, sein Grundstück zu betreten. Jetzt bin ich alt geworden. Ich dachte, ich werde auf seinem Hof meinen Lebensabend verbringen und eines Tages ruhig sterben. Ich täuschte mich, heute hat er mich vom Anwesen gejagt. Ich weiß nicht, wo ich jetzt hin soll. In meinem Alter ist es schwierig, sich selbst zu versorgen.«

Der Hund weinte und lief davon.

»Hast du gehört?«, fragte die Schlange. »Der Hund hat meine Einstellung bestätigt. Es reicht! Bereite dich auf den Tod vor! Ich beiße jetzt zu!«

»Der Hund war vielleicht keine gute Wahl. Er ist verärgert und sehr alt. Nicht alle Herrchen behandeln ihre Hunde so undankbar. Gib mir bitte noch eine Gelegenheit. Es kommt gerade ein Bär des Weges. Fragen wir jetzt ihn, was er denkt.«

»Gut! Wenn du noch nicht überzeugt bist, soll uns auch der Bär sagen, wie er es mit der Dankbarkeit hält. Aber danach ist Schluss. Ich beiße endgültig zu!«, zischte die Schlange.

»Mein Bär, du bist gut und klug!«, sprach der Bauer. »Du naschst sehr gerne vom Honig! Die Jäger achten dich für deine Stärke, auch wenn sie nach deinem Fell trachten. Sag uns jetzt bitte: Soll man das Gute mit Dank oder mit Undank vergelten?«

Erneut erzählte der Bauer, nun dem Bären, was ihm mit der Schlange widerfahren war.

»Die Schlange hat recht«, entschied auch der Bär. »Sie soll dich töten.«

»Warum?«, fragte der unglückliche Bauer. »Sie hat von mir doch nur Gutes erfahren.«

Der Bär antwortete ebenfalls mit einer Geschichte: »Ich lebte zusammen mit meiner Frau und vier Kindern in den Bergen. Eines Tages tauchte vor unserer Höhle ein Bauer auf. Meine Frau wollte über ihn herfallen und ihn den Kindern zum Fraß vorwerfen. Ich habe sie daran gehindert. Meine Frau fürchtete, der Bauer kenne jetzt unsere Behausung und hetze die Jäger auf uns. Ich war der Meinung, so etwas würde nie passieren, er selbst sei ja kein Jäger. Ich beschwor meine Frau, den Bauern zu verschonen. Zum Dank schickte er drei Tage später die Jäger zu uns. Sie töteten meine Frau und Kinder, nur ich allein konnte mich retten.«

Der Bär weinte und ging weiter.

79

»Hast du alles richtig gehört?«, lachte die Schlange zufrieden. »Dein Ende ist gekommen.«

Wieder wollte die Schlange den Bauern töten, doch dieser flehte erneut um sein Leben: »Aller guten Dinge sind drei. Der Bär ist auch ein Pechvogel. Fragen wir einen Dritten. Ich sehe einen Fuchs auf uns zu rennen. Fragen wir auch ihn nach seiner Meinung.«

»Gut, ich gebe dir noch eine Möglichkeit, das wird aber wirklich die letzte sein«, sagte die Schlange. »Danach wirst du sterben.«

Der Bauer hielt den Fuchs an:

»Vater Fuchs, du hast einen schönen Schwanz, keinen besseren kenne ich. Deine Weisheit ist bekannt im ganzen Land, Mensch und Tier haben das erkannt.«

Und wieder erzählte der Bauer seine Geschichte über den Streit mit der Schlange. Dann fragte er den Fuchs: »Sag uns bitte jetzt: Soll man das Gute mit Dank oder mit Undank vergelten?«

Der Fuchs hielt inne, schaute die beiden an und zuckte mit den Achseln: »Ich habe gar nicht verstanden, wovon ihr redet.«

Der Bauer wiederholte seine Geschichte noch einmal von Anfang bis Ende.

»Das ist ja Wahnsinn!«, schimpfte der Fuchs empört. »Wollt ihr euch über mich lustig machen? Mit eurer Frage seid ihr bei mir an der falschen Adresse. Außerdem bin ich in Eile, ich muss weiterlaufen. Die Jäger verfolgen mich, sie werden bald hier sein. Wenn sie mich kriegen, ist das mein Ende.«

»Mach keinen Unsinn, du blöder Fuchs«, entgegnete die Schlange aufbrausend. »Willst du, dass ich dich auch beiße wie diesen verdammten Bauern? Sag, was du darüber denkst, dann kannst du weiter flüchten.«

»Was ich denke?«, fragte der Fuchs seinerseits. »Ich denke, ihr macht Witze: Was ihr mir da aufgetischt habt, ist auf keinen Fall eine wahre Geschichte.«

»Wieso?«, fauchte die Schlange ungeduldig.

»Wie kann so eine große, starke und prächtige Schlange in diese kleine Kiste hineinkriechen?« fragte der Fuchs listig. »Das ist unmöglich.«

»Also du glaubst nicht, dass ich zehn Jahre in dieser Kiste saß?«

»Nein, das glaube ich nicht«, bestätigte der Fuchs gleichgültig.

»Gut, ich beweise es dir auf der Stelle«, sagte die Schlange und wand sich flink in die Kiste hinein.

Der Fuchs schlug geschwind den Deckel zu und schrie der Schlange hinterher: »Zehn Jahre hast du dort verbracht, dort sollst du auch bis zu deinem Ende verweilen. Bringe du, Bauer, die Kiste dahin, wo du sie gefunden hast.«

Plötzlich hörten die beiden den Lärm der sich nähernden Jäger.

»Bauer, versteck mich irgendwo«, bat der Fuchs den Mann eindringlich.

Der Bauer öffnete einen mitgeführten Sack, den er dem Fuchs als Versteck vor den Jägern bot.

Da trafen auch schon die Jäger ein und fragten den Bauern: »Hast du einen Fuchs gesehen?«

»Klar, hab' ich den gesehen. Er ist hier in meinem Sack«, entgegnete der Bauer forsch.

Die Jäger holten den Fuchs aus dem Sack und wollten ihm schon das Fell abziehen, als der Bauer einwarf: »Wartet, was könnt ihr beim Verkauf für das Fuchsfell erlösen?«

»Einen halben Silberling«, antworteten die Jäger.

Der Bauer entlohnte die Jäger mit einem halben Silberling und ließ den Fuchs laufen. Der Fuchs rannte so schnell, wie er konnte, in den Wald.

»Undank ist doch nicht der Welt Lohn«, sagte er dann den Jägern, die nachdenklich über den Spruch des Bauern davonzogen.

Die Kiste brachte der Bauer wieder in den tiefen, dunklen Wald und setzte seinen Nachhauseweg fort.

WARUM SCHWEINE ROSA SIND
UND EIN RINGELSCHWÄNZCHEN HABEN

Leonidas Chrysanthopoulos

Es geschah vor langer, langer Zeit, als die Schweine noch Wildschweine waren und noch nicht bei den Menschen wohnten. Da lebte in einem dichten Wald eine Schweinemutter mit ihren sieben Kindern alleine in einem Schweinenest. Es ist bei Wildschweinen nämlich üblich, dass sich die Bache mit ihren Kindern so lange von den anderen zurückzieht, bis die Frischlinge groß genug sind, um in der Rotte mitzulaufen.

»Kinder«, sagte Frau Bache, »seid schön brav. Ich muss losgehen und uns etwas zu essen besorgen. Bis zum frühen Abend bin ich wieder zurück. Geht nicht fort von hier. Denn draußen im Wald ist es gefährlich. Es lauern Bären und Wölfe, die euch nur zu gerne verschlingen würden.«

Dann putzte sie sich noch einmal kräftig die Nase, Frau Bache wollte nämlich heute Trüffeln suchen gehen. Es war ein ganz besonderer Tag, der groß gefeiert werden sollte. Alle ihre Kinder hatten Geburtstag. Sie waren genau drei Monate alt. Es war nur noch eine Frage von ein paar Tagen, bis sie sich der Wildschweinrotte wieder anschließen würden. Die Frischlinge verloren auch schon ihre Babystreifen und erhielten langsam das zottelige, dichte graubraune Fell der Wildschweine.

Kaum war die Mutter verschwunden, ging es über Stock und Stein. Wild jagten sich die Frischlinge untereinander. Sie tollten rund um ihr Nest, wühlten mit ihren Schweinenasen im Matsch und quiekten vergnüglich, dass es weithin zu hören war.

Aber auch das schönste Spiel wird irgendwann langweilig. Schließlich fielen alle Geschwister müde in die nächste große Pfütze, wo sie sich noch eine Weile genüsslich suhlten, bevor sie sich in die Sonne zum Trocknen legten.

»Ich hab's«, plötzlich sprang Schweinchen Svin in die Höhe und schüttelte sich einmal kräftig, dass die Modderklumpen nur so davonflogen. »Wir werden nicht mehr hier warten. Wir sind schließlich schon groß, beinahe erwachsen. Wisst ihr, was wir machen werden? Wir gehen Mutter Bache helfen, Trüffeln suchen.«

»Das dürfen wir nicht«, entgegnete seine Schwester Jabalina. »Die Mutter hat gesagt, wir sollen hierbleiben. Es ist zu gefährlich.«

»Pah! Gefährlich«, entgegnete Svin und grunzte ein paar Mal verächtlich. »Die Gefahr kann mich nicht beeindrucken. Gefahr ist dazu da, dass sie erfahren wird. Ein wenig Risiko muss sein. Ich habe vor nichts Angst. Vor gar nichts. Kommt wenigstens ihr mit, Jungs? Mutter wird sich freuen, wenn wir zum Geburtstagsessen auch etwas beisteuern.«

»Kein Bock«, grummelte Xabarin zwischen zwei Grunzern. Aber er war ja auch dafür bekannt, dass er zu nichts Lust hatte und am liebsten gar nichts tat.

»Es kann doch keiner außer dir die Trüffeln riechen«, gab Visilika zu bedenken. »Warum sollten wir also mitgehen?«

»Genau, du bist schließlich der einzige von uns mit dem Superrüssel«, lehnte auch Bruder Kanek ab. »Mach du, was du willst, und lass uns anderen einfach in Ruhe.«

»Ich komme mit und helfe dir«, ließ sich da aber ein zartes Stimmchen vernehmen. Es gehörte seiner Schwester Swinka. »Wir sollen nicht alleine irgendwo hin laufen. Schließlich leben wir Wildschweine in Mutterfamilien. Da ist immer einer für den anderen da. Ich komme mit.«

Svin sah nicht so begeistert aus, dass ausgerechnet seine jüngste Schwester mitkommen wollte. Sie war wirklich die furchtsamste unter ihnen. Vermutlich würde er während des gesamten Ausflugs ihr Gejammer hören müssen. Aber besser Swinka als gar keiner.

»Na dann los!«, kommandierte Svin und stapfte schon mit weit ausladenden Schritten voraus. Swinka trippelte hinterdrein. Keiner der beiden hörte auf die Warnungen, die ihnen die Geschwister hinterher riefen.

Sie waren noch gar nicht weit gegangen, als sich alles änderte. Es roch ganz anders als zu Hause, und der Wind blies ihnen hart ins Gesicht.

»Wo wollt ihr denn hin, ihr zwei Frischlinge?«, fragte neugierig ein Specht, der hoch droben in den Baumwipfeln aus seinem Loch heraus-schaute. »Solltet ihr nicht besser zu Hause sein? Ich glaube, ich sollte das lieber durchmorsen, dass ihr hier allein unterwegs seid. Damit eure Mutter wenigstens Bescheid weiß.«

Schon schlüpfte er aus seinem Baumloch heraus, kletterte am Stamm etwas höher und begann ein verwirrendes Pochen. Tak-takkerak-tak-tak. Tak-takkerak-tak-tak. Tak-takkerak-tak-tak. Es war weithin durch den Wald zu hören.

»So ein dummer Vogel«, schimpfte Svin. »Jetzt weiß jeder, dass wir oh-ne Erlaubnis weggegangen sind.«

»Lass uns doch lieber zurückkehren«, murmelte Swinka leise. »Dann schimpft Mutter Bache vielleicht auch nicht so viel.«

»Ach, Quatsch«, antwortete ihr Bruder forsch. »Nun weiß sie es. Da schimpft sie sowieso. Da können wir auch weitergehen. Das macht jetzt auch nichts mehr aus.«

Obwohl es ihm schon etwas weniger forsch ums Herz war, trampelte er doch den Waldpfad weiter hinunter. Ab und zu reckte er seinen Rüssel weit in die Luft und schnüffelte.

»Ich denke, Trüffeln kann man nur riechen, wenn man mit der Schnau-ze in der Erde wühlt«, brummelte Swinka. »Dann machst du aber etwas falsch. Vielleicht hätten wir doch warten sollen, bis die Mutter uns bei-bringt, wie man das macht.«

»Du hast eben keine Ahnung.« Unwirsch tat Svin ihren Einwand ab und schnupperte weiter. »Ich werde sie schon finden, die Trüffel.«

»Wir sollten wenigstens nach Eichenbäumen suchen«, meldete sich Swinka wieder zu Wort. »Mutter Bache hat gesagt, sie wachsen besonders unter Laubbäumen, Eichen und Haselsträuchern.«

»Unter Eichen findet man Eicheln«, grunzte Svin erbost zurück. Er konnte es gar nicht leiden, wenn jemand ihn verbesserte. Trotzdem suchte er ab jetzt doch etwas genauer unter den Laubbäumen und steckte sogar seinen Rüssel etwas unter die Blätterdecke, die auf dem Waldboden einen dichten Teppich bildete.

»Was sucht ihr denn da?«, fragte ein Eichhörnchen und blinzelte vorsichtig um den Stamm herum. Aber Svin antwortete nicht.

»Du lässt aber meine Nüsse in Ruhe. Ich habe sie gesammelt. Das ist meine Vorratskammer«, rief das Eichhörnchen jetzt mutiger und trat hinter dem Baumstamm hervor.

Unwirsch hob Svin seinen Kopf, reckte ihn ein wenig nach vorn und gab einen unheimlich lauten Grunzer von sich. »Hau ab, du Wicht! Wer will schon Nüsse und Eicheln? Trüffeln suche ich. Trüffeln. Wir haben nämlich heute Geburtstag.«

»Da bist du hier aber falsch«, entgegnete das Eichhörnchen, das sich trotz des Grunzers nicht hatte vertreiben lassen. »Du bist hier unter einer Buche, mein Lieber. Trüffeln wachsen da drüben. Unter den Eichen am Bach. Aber du bist ja noch ein Frischling. Das musst du erst noch lernen.«

Lachend lief das Eichhörnchen davon, und für einen Moment stand da ein reichlich verlegener Svin. Dann reckte er seinen Rüssel schnüffelnd in die Luft.

»Dort, Swinka«, kündigte er kurz darauf an. »Dort hinten. Ich kann sie schon riechen. Dort hinten gibt es Trüffeln. Ich zeige dir, wie man sie finden kann. Man muss sie nämlich riechen können. Rie-chen! Mit der Betonung auf Rie und Chen. Da kommt es auf den Rüssel an.«

Swinka gab darauf keine Antwort. Sie hatte das Gespräch mit dem Eichhörnchen gehört und fand ihren Bruder reichlich überheblich. Wortlos trippelte sie hinter ihm her.

Mit mächtigen Sätzen sprang Svin auf die Eichen am Waldrand zu, steckte seinen Rüssel in die Erde und begann unter lautem Grunzen, den Waldboden umzupflügen. Swinka sah ihm eine kleine Weile zu. Niemand hatte ihr bisher gesagt, wie man nach Trüffeln suchen muss. Außerdem fühlte sie sich so weit weg von ihren Geschwistern auch gar nicht so recht wohl. Und so schnüffelte sie nur ein wenig in der Luft.

Was ein Glück das für die beiden gewesen ist. Denn hätte auch Swinka ihren Rüssel im Boden gehabt, hätte sie diesen komischen Geruch gar nicht wahrgenommen. Sie kannte ihn. Sie hatte schon einmal so etwas gerochen.

Aber das war schon lange her. Vor ein oder zwei Monaten, als sie noch ganz klein gewesen war. Damals war Mutter Bache vom Nest verschwunden, und sie hatte einen mächtigen Kampf gehört. Lautes Knurren war zu ihr gedrungen und dieser beißende Geruch war über sie hinweggeweht. Kurz darauf war ihre Mutter blutend zurückgekommen. Sie hatte eine große und etliche kleine Bisswunden, aber sie hatte den Kampf gewonnen. Den Kampf mit dem ...

»Wolf!«, schrie Swinka auf einmal. »Achtung, Wolf! Svin, Svin. Pass auf!«

Aber Svin sah und hörte nichts. Mit zwei Sprüngen war Swinka bei ihrem Bruder und schubste und stupste ihn so lange, bis er endlich aufblickte. Als er den Kopf hob und gerade seine Schwester wegen der Störung grob anfahren wollte, blickte er direkt in die Augen des Wolfes, der sich ihnen schon bis auf wenige Meter genähert hatte. Einen Moment stand er da wie erstarrt. Dann machte er langsam ein paar Schritte rückwärts, so dass er sich notfalls hinter seiner Schwester verstecken konnte. Anfangs atmete er nur aufgeregt. Als der Wolf jedoch näher kam, ließ er die ersten Quiekser hören. Zum Schluss quäkte er vor Angst in allen Tonlagen.

Während der Wolf langsam Schritt für Schritt auf Svin zuschlich, zitterten die beiden Frischlinge mehr und mehr. Dann passierte etwas Seltsames. Vor lauter Angst wurden sie blasser und blasser, bis ihre Haut ganz rosa war. Auch das Fell war verschwunden. Nur ein paar fast unsichtbare Borsten waren davon übrig geblieben. Und als der Wolf ein giftiges Knurren hören ließ, kringelte sich zudem vor lauter Angst ihr Schwänzchen wie ein Korkenzieher.

Da stob Mutter Bache mit riesigen Sätzen heran. Zur Sicherheit hatte sie gleich die ganze Rotte mitgebracht. Ungefähr zwanzig wütende, dichtbehaarte Wildschweine jagten auf den Wolf zu wie die wilde Horde. Schleunigst kniff dieser den Schwanz ein und verschwand so schnell, wie er gekommen war.

Natürlich waren erst einmal alle froh, dass Svin und Swinka nichts passiert war. Auch wenn ihr Ungehorsam böse hätte enden können. Erst dann stellten sie fest, dass die beiden jetzt ganz anders aussahen: rosa, kein Fell und ein Ringelschwänzchen.

»So könnt ihr aber nicht mehr bei uns im Wald leben«, meinten die Wildschweine. »Das ist im Winter viel zu kalt für euch ohne Fell. Außerdem sieht euch ja jeder gleich, so schweinchenrosa wie ihr jetzt seid.«

So kam es, dass Svin und Swinka nur noch wenig Zeit bei den Wildschweinen verbrachten. Sie blieben nur noch so lange, bis sie das Trüffelsuchen wirklich gut beherrschten. Vor dem nächsten Winter gingen die beiden zu den Menschensiedlungen, wo es warme Ställe gab. Seitdem leben sie bei den Menschen und helfen diesen beim Trüffeln suchen. Und das machen sie noch heute.

Aus dem Englischen von Edit Engelmann

DAS LUFTKUGELDORF

Eva Ieropoulou

Es war vor vielen Jahren, als ich von zwei Freunden, die viel reisten, zum ersten Mal von dem Dorf mit den Luftkugeln hörte. Beide waren begeistert. Es sei das tollste Dorf auf der ganzen Welt, sagten sie. Einzigartig, unglaublich, phantastisch!

»Und was ist es, was dieses Dorf so einzigartig macht?«, fragte ich.

Meine beiden Freunde sahen sich an und lächelten.

»Ich könnte dir die schneeweißen Häuschen mit den wunderschönen Höfen beschreiben«, sagte der eine. »Aber schneeweiße Häuschen und wunderschöne Höfe haben auch andere Dörfer.«

»Es ist auch seine Lage, oben auf einem Hügel, der über die ganze Ebene blickt, bis weit hinten zum Meer«, sagte der andere. »Aber auch andere Dörfer stehen an schönen Stellen.«

»Und? Was ist es denn dann?«, fragte ich wieder. »Was ist es denn nun, was dieses Dorf so einzigartig macht?«

Und hier ist die Antwort, die ich bekam und die mich ungläubig staunen ließ: IM DORF MIT DEN LUFTKUGELN MACHEN ALLE LUFTKUGELN!

»Alle? Wer alle?«

»Alle alle: die Mamas, die Papas, die Kinder, die Omas, die Opas, die Schwiegereltern, der Briefträger, der Bürgermeister, der Gemüsehändler, der Apotheker, der Straßenkehrer, die Friseuse, der Arzt, der Buchhalter, der Maler, der Rechtsanwalt, der General ... alle machen sie Luftkugeln.«

»Ihr meint so was wie Seifenblasen?«

»Man könnte sagen, dass sie wie Seifenblasen aussehen, aber... Hast du schon mal eine Seifenblase aus Schokolade gesehen?«

»Oder aus Karamell?«

»Oder aus Zuckerwatte?«

Nein. Sowas hatte ich noch nie gehört oder gar gesehen!

»Wenn du das Meer liebst, dann gibt es auch eine Kugel aus Meeresluft.«

»Und wenn du die Berge lieber magst, dann duftet deine Kugel nach Pinien und Tannen.« »Und wenn du eine besondere Schwäche für Süßigkeiten hast, dann kann man dir auch eine Kugel aus Sahne machen.«

Daraufhin, auch weil Süßigkeiten meine große Schwäche sind, machte auch ich mich auf den Weg zum Dorf mit den Luftkugeln.

Allerdings muss ich sagen, dass ich zuerst an großen Schwierigkeiten scheiterte, obwohl ich gründlich suchte. Ich fand das Dorf auf keiner Karte, und es konnte mir auch niemand, den ich fragte, genaue Auskunft darüber geben, wo es sich befand.

Und so kehrte ich zurück und fragte meine beiden Freunde, ob es dieses Luftkugeldorf tatsächlich gäbe, oder ob sie es sich bloß ausgedacht hätten. Und sie gaben zu, dass es ohne Wegbeschreibung tatsächlich schwer zu finden sei. Um mir zu helfen, zeichneten sie mir einen haargenauen Plan.

Nun folgte ich diesem haargenauen Plan meiner Freunde. Und nachdem ich drei riesige Täler, sechs Schluchten, zwei wilde und drei ruhige Flüsse durchquert hatte, wanderte ich um sechs Seen herum und überstieg einige Berge. Und schließlich sah ich einen Hügel, von dem aus man über die ganze Ebene bis hin zum Meer gucken konnte und auf dessen Gipfel ein Dorf mit schneeweißen Häuschen und blühenden Höfen lag. Da fragte ich mich, noch ein Stück davon entfernt, ob das wohl dieses Luftkugeldorf sein mochte.

Als ich aber am späten Nachmittag in seine Nähe kam, wusste ich ganz sicher und ohne jemanden zu fragen, dass ich am richtigen Ort war: Während die Sonne sich zum Untergang neigte und mit ihrem Glanz die ganze Landschaft vergoldete, sah ich Männer und Frauen, Groß und Klein auf dem grün-goldenen Hügel – und alle produzierten Luftkugeln!

Es ist unnötig zu sagen, dass die Beschreibungen meiner beiden Freunde armselig waren im Vergleich zu dem, was meine Augen hier sahen! So viel Schönheit und einen solch großen Seelenfrieden hatte ich seit Jahren nicht mehr erlebt. Die Menschen machten fröhlich und in aller Ruhe ihre

Luftkugeln, zeigten sie sich gegenseitig, und dann standen sie und sahen ihnen nach, wie sie in den Himmel hinauf schwebten. Im goldenen Licht des Sonnenuntergangs füllte sich der Himmel mit luftigen Kugeln, die jede Phantasie überstiegen. Mit tausend Farben, Düften und sogar Tönen und Klängen: Ich sah Kugeln, die wie Vögel zwitscherten, eine, die wie ein leibhaftiges Kätzchen miaute, eine andere wieder, die Klarinette spielte!

Ein Herr kam lächelnd zu mir. Er trug eine köstliche Kugel aus Schokolade und Kirsche, in die ich am liebsten hineingebissen hätte – aber ich hielt mich zurück. Ich denke, dass es auch in diesem Dorf nicht richtig ist, Kugeln aufzuessen, die einem nicht gehören.

»Das ist der wunderbarste Ort, den ich je in meinem Leben gesehen habe!«, rief ich aus.

»Ja«, erwiderte er und lächelte noch freundlicher. »Unsere Kugeln sind alle sehr schön und haben Stil, nicht wahr?«

»Da fragen Sie noch? Ich sehe so etwas zum ersten Mal. Und ich wundere mich: Wieso habe ich nicht schon früher etwas davon gehört? Wieso kennt das nicht die ganze Welt? So ein herrliches Dorf müsste eigentlich ständig voller Besucher sein!«

»Was sollen wir denn mit Besuchern? Wir sind ganz zufrieden hier unter uns. Und außerdem – da sind ja auch alle diese Täler und Schluchten und Flüsse und Seen und Berge... wer macht schon so eine anstrengende Reise, um bis hierher zu kommen?«

Ich aber war anderer Meinung. Wusste ich doch, dass die ganze Welt kommen würde, wenn sie von diesem unglaublichen Dorf erführe. »Im Übrigen geht es doch normalerweise so«, sagte ich und erklärte: »Man hört von etwas, das schön ist, und eilt dorthin. Der Ort wird berühmt, füllt sich mit Leuten, und die Einwohner werden von einem Tag auf den andern reich.«

Das sagte ich ihnen und noch eine Menge mehr – über den Tourismus, und den Fortschritt, die Zivilisation und die Entwicklung. Und sie, die von all dem noch nie etwas gehört hatten, glaubten mir und machten sich an die Arbeit.

Das Dorf kam in alle Reisehandbücher, in den Goldenen Touristenführer, in alle Werbebroschüren, auf die Rückseiten einiger Busse und auf

Leuchttafeln. Und die Dörfler warteten voller Ungeduld, ob die Welt nun zu ihnen käme, während sie weiter ihre Luftkugeln produzierten, die so schön wie immer waren, jetzt aber einen leichten Hauch von Anspannung ausstrahlten.

Es dauerte etwas, aber die Leute kamen schließlich. Zuerst noch wenige, dann mehr und dann sehr viel mehr. Etwas mehr, muss man sagen, als die Dörfler erwartet hatten. Die Häuser füllten sich mit Besuchern, im Kafenion fand man keinen freien Platz mehr, die Bestellungen für Luftkugeln gingen in die Hunderte! Die Dörfler waren begeistert.

»Wieso sind wir nicht schon längst darauf gekommen«, sagten sie zu mir, »und haben hier all die Jahre abgeschottet von der Welt gesessen? Danke, dass du uns die Augen geöffnet hast!«

Das erfüllte mich mit Stolz.

Und die Leute kamen ...

... viele ...

... immer mehr ...

... und das Leben im Dorf veränderte sich.

Der Gemüsehändler machte mit dem Metzger zusammen ein Restaurant auf. Dasselbe machten der Klempner und der Elektriker. Allerdings nicht gemeinsam, sondern jeder sein eigenes. Die Friseuse eröffnete eine Kette von Friseurläden. Der General machte eine Boutique auf. Der Bürgermeister baute ein Hotel mit Swimmingpool.

Nach ein paar Wochen kündigte der Briefträger. »Ich bin völlig überarbeitet«, stöhnte er. »Früher kamen zwei, höchstens drei Briefe im Monat. Und jetzt, mit den Luftkugelbestellungen, den Hotelbuchungen, den Rechnungen, den Verträgen, den Überweisungen, den Briefen geht es in die Tausende! Das reicht, ich kann nicht mehr! Sucht euch einen anderen Briefträger! Ich richte mir mein eigenes Geschäft ein, in dem ich mich ausruhen kann.« Und er eröffnete einen Souvenirladen.

Das Dorf bekam einen anderen Rhythmus: Alles rannte und hetzte, um das Pensum zu schaffen. Aber was von allem sollten sie zuerst tun?

Die Gäste unterbringen?

Für sie kochen?

Führungen machen?

Briefe beantworten?

Luftkugeln produzieren?

Denn wir dürfen ja nicht vergessen: Die Luftkugeln waren der Grund, warum die Leute die Täler, Schluchten, Flüsse, Seen und Berge überwanden, um schließlich im Dorf anzukommen. Und die Dörfler wussten, dass, wenn sie mit der Produktion der Luftkugeln aufhörten, die Leute nicht mehr kommen würden. Und so machten sie alle weiterhin jeden Abend zum Sonnenuntergang auf dem Dorfplatz ihre Kugeln. Und die Menschen standen Schlange und bestaunten sie. Was für ein herrliches Schauspiel! Und sie applaudierten begeistert!

Wenn ich ehrlich bin, dann muss ich gestehen, dass dieses Schauspiel nicht im Mindesten mehr mit dem zu vergleichen war, was ich gesehen hatte, als ich zum ersten Mal ins Dorf gekommen war. Im Grunde war es zwar in etwa dasselbe: Menschen, die sich versammelten und Luftkugeln machten.

Aber irgendetwas fehlte ...

... irgendetwas in ihren Gesichtern ...

... und auch etwas an den Kugeln ...

Ich fragte mich, ob da wirklich etwas anders war oder ob ich mir das bloß einbildete. Doch als ich aufmerksamer hinsah, wurde mir klar, was sich verändert hatte: Sie machten die Luftkugeln nicht mehr zu ihrem eigenen Vergnügen, sondern es war zum Programmpunkt für die Gäste geworden. Die Dörfler hatten alle Hände voll zu tun und beeilten sich mit der Kugelschau, um zu ihrer Arbeit zurückzueilen. Scharen von Menschen mussten versorgt und bedient werden, da konnten sie nicht allzu viel Zeit mit den Luftkugeln verplempern.

Und die Kugeln waren, um die Wahrheit zu sagen, nicht mehr so schön wie vorher. Auch nicht mehr so drollig und einfallsreich. Und sie machten auch nicht mehr solche, die ihnen selbst gefielen, sondern die die Leute haben wollten. Und so waren zum Beispiel die Kugeln mit der herrlichen Meeresbrise leider verschwunden, weil niemand nach ihnen verlangte. Dafür hatte sich das Dorf mit lauter Schokolade- und Zuckerkugeln gefüllt.

All das fing allmählich an, mich ein bisschen zu betrüben. Aber was sollte ich sagen? Ich war es ja gewesen, der die Sache in Gang gesetzt hatte.

94

Ich war es, der ihnen vom Tourismus erzählt hatte und vom Fortschritt und von der Entwicklung und von den fremden Besuchern und dem Geldverdienen – wie hätte ich das wohl alles wieder rückgängig machen können? Und so wartete ich also ab, um zu sehen, wie es wohl weitergehen mochte. Mit großer Spannung und in der Hoffnung, dass es sich nicht zum Schlimmeren entwickeln würde. Doch leider ...

... einige Wochen später erschienen Leute vom Fernsehen.

»Ihr kommt übermorgen ins Frühprogramm«, verkündeten sie dem Bürgermeister, woraufhin dieser vor lauter Aufregung zwei Nächte kein Auge zutat. Und so erschien der Bürgermeister, zwar übernächtigt, aber vollendet herausgeputzt, mit kurz geschnittenem Haar, feierlich gekleidet, frisch rasiert und mit reichlich Make-up im Gesicht, damit es nicht glänzte, im Fernsehen. Und die Gehirne der Dörfler wurden zu ihren eigenen Kugeln: Sie füllten sich mit Luft!

Das Luftkugeldorf im Fernsehen! Was für eine Sensation! Was werden wir hier wohl noch alles erleben?

Die Sendung, da waren sich alle einig, war hervorragend gelaufen. Und nun war das Dorf nicht nur voller Besucher, sondern auch voller Kameras. Und die Dörfler hatten nun außer ihrer Arbeit auch die Sorge um ihr Aussehen. Natürlich! Wenn man im Fernsehen auftritt, dann muss man picobello sein, damit ist nicht zu spaßen!

Und sie fegten und putzten und kochten und machten die Betten und servierten Frühstück wie aus dem Ei gepellt, gepflegt und frisiert, als ob sie zu einem Empfang gingen.

Das Fernsehen sprudelte über: in den Sendungen am Morgen, am Mittag, am Abend und sogar in den Nachtsendungen – wohin man auch zappte, war Thema Nummer eins das Dorf mit den Luftkugeln. *SIE WAREN NOCH NICHT IM LUFTKUGELDORF? EIN GROSSES VERSÄUMNIS! SIE WISSEN NICHT, WAS IHNEN ENTGEHT!*

So wurde das Dorf also zur allerersten Wahl: »Wohin fahrt ihr denn dieses Jahr in Urlaub?« – »Aber natürlich ins Luftkugeldorf, mein Liebes, wohin denn sonst?«

Wieviel Ruhm und Glanz kann ein Dorf aushalten?

Und wieviel Leute?

95

Das Dorf drohte zu ersticken. Die Gäste waren derart viele geworden, dass die Dörfler beim besten Willen nicht mehr alle unterbringen konnten. Die Hotels waren voll, auch die Pensionen, die Fremdenzimmer und Studios, aber es waren immer noch Leute übrig. Da machte der Gemüsehändler den ersten Schritt:

»Ich vermiete mein eigenes Haus und schlafe im Stall«, sagte er. »Das macht mir auch nichts aus, schließlich haben wir Sommer und ich werde mich wohl kaum erkälten.« »Das ist eine gute Idee!«, sagten die andern. Und sie überließen ihre Häuser den Gästen und richteten sich selbst provisorisch ein – der eine in der Waschküche, der andere im Zelt, wieder andere auf dem Feld oder im Hof. Und so wohnten die Besucher, deren Strom nicht abriss, in den Häusern der Dörfler.

Es kamen aber noch mehr und noch mehr und noch mehr ... und schon bald hatten sich auch die privaten Häuser gefüllt und die Leute wussten wieder nicht, wo sie bleiben sollten. Und sie fragten nun auch nach den Waschküchen und den Höfen und den Zelten und den Ställen und sogar nach den Feldern.

»Aber wo sollen wir euch noch unterbringen? Es gibt keinen Platz mehr. Wir müssen selbst ja auch irgendwo schlafen«, sagten die Dörfler. »Wir können doch nicht auf der Straße bleiben!«

Aber das interessierte die Leute nicht. Sie wollten ins Luftkugeldorf fahren, und die Luftkugeldörfler hatten dafür zu sorgen, dass sie unterkamen.

Die Reisebüros drängten: »Schafft Plätze!«

Das Fernsehen zeterte: »Es geht drunter und drüber im Luftkugeldorf! Was muss man denn tun, um ein Bett zu ergattern? Braucht man vielleicht Beziehungen?«

Und je mehr der Trubel tobte, desto mehr trieb es die Leute zu dem Dorf.

Und das Dorf erstickte immer mehr ...

Die Lage wurde allmählich unerträglich, und ich sah voraus, dass man schließlich mich dafür verurteilen würde. Und sie hätten ja Recht, ich hatte ihnen das eingebrockt. Ja, ich gebe es zu: Es war mein Fehler. Ich hatte ein wunderschönes Dorf entdeckt und es in die Katastrophe geführt. Und nun musste ich irgendetwas unternehmen, um die Sache wieder zurechtzurücken. Aber was? Hier war ... ein Wunder nötig. Und zwar ein gewaltiges.

Diese und ähnliche Gedanken quälten mich an einem Abend mit einem kühlen Lüftchen, als mich urplötzlich eine seltsame Kurznachricht erreichte: »Komm um Mitternacht zum Hinterhof des Rathauses. Ohne Schuhe, so leise du kannst.«

Um Mitternacht? Und wieso im Hinterhof? Gab es den vorderen Hof nicht mehr? Und ohne Schuhe? Was war denn das für eine Geheimniskrämerei? Worum ging es hier? Die Neugier nagte an mir, aber ich musste mich bis Mitternacht gedulden.

Um viertel vor zwölf zog ich mir die Schuhe aus und brach so leise ich konnte zum Hinterhof des Rathauses auf. Ich ging auf Zehenspitzen. Das Dorf war in Dunkelheit getaucht. Aus den offenen Fenstern drang tausendfaches Schnarchen. Die Gäste schliefen fest. Und ich erinnerte mich beim Schleichen durch die Dunkelheit wieder einmal an das Luftkugeldorf, das ich bei meinem ersten Besuch gesehen hatte und das es nun nicht mehr gab.

Von weitem schien mir der Hinterhof des Rathauses still, leer und finster. Als ich aber näher gekommen war – welche Überraschung! Das ganze Dorf war da! Männer und Frauen, Junge und Alte und Kinder – alle hatten sich dort versammelt, so wie an jenem Nachmittag, als ich zum ersten Mal hier ankam und sie alle fröhlich ihre Luftkugeln machen sah. Nur dass sie diesmal nicht so fröhlich aussahen. Der Bürgermeister begann gedämpft zu sprechen.

»Liebe Mitbürger«, sagte er, »ich habe euch heute Nacht hierher gerufen, um euch eine einfache Frage zu stellen: Ist irgendeiner von euch zufrieden mit all dem, was in unserem Dorf geschieht?«

»Nein!«, erwiderten alle leise raunend.

Und dann hagelte es nur noch Klagen:

»Keine Minute habe ich mehr meine Ruhe!«

»Wohin ich auch gehe – Menschen! Tausende!«

»Mir schwirrt der Kopf von dem ganzen Trubel und Lärm!«

»Und dieses Telefon ... Wenn es doch nur mal fünf Minuten still stünde!«

»Ich ersticke!«

»Wozu die ganzen Kameras? Haben sie uns nicht genug damit malträtiert?«

»Ich kann nicht mehr länger den ganzen Tag diesen Haarknoten tragen, er macht mir Kopfschmerzen!«

»Und hast du die High Heels vergessen? Meinst du, es ist eine Kleinigkeit, den ganzen Tag auf zehn Zentimeter hohen Absätzen herumzustöckeln?«

»Wohin man auch guckt – Reporter!«

»Einer von ihnen hat mir sein Mikrophon auf den Kopf geknallt. Aus Versehen natürlich, aber er hat mich zum Krüppel gemacht! Guckt euch mal diese Beule an!«

»Mein Haus ist von dem Gewicht all der Leute zehn Millimeter tiefer in die Erde gesackt.«

»Meins zwanzig!!«

»Sie haben mir den Hof und den Stall weggenommen!«

»Und mir das Feld!«

»Und mir den Trog!«

»So geht es nicht weiter!«

»Die Lage ist an ihre Grenzen gestoßen!«

»Wieso haben wir das zugelassen?«

»Wieso waren wir so naiv?«

An dieser Stelle wurde mir klar, dass die Reihe an mir war, zu sprechen. Und so nahm ich schweren Herzens das Wort.

»Meine Freunde«, sagte ich leise, »ich bin an allem schuld! Ich habe euch das eingebrockt. Ich habe den Anstoß dazu gegeben, dass hier alles kaputt ging. Es tut mir so leid. Ich weiß, dass meine Entschuldigung zu mager ist, und ich wünschte, ich könnte irgendetwas tun. Aber ich weiß nicht, was. Nur ein riesiges Wunder kann uns retten ...«

Der Bürgermeister lächelte: »Riesig? Ach was. Auch ein kleines Wunder reicht schon. Also, was meinst du? Willst du uns dabei helfen?«

Ob ich wollte? Ich hätte alles getan, um den Dörflern zu helfen, so schwer und mühselig es auch sein mochte. Ja, ich war zu allem Möglichen und Unmöglichen bereit.

Wie aber hätte ich mir vorstellen können, dass dieses kleine Wunder des Bürgermeisters so lustig und so unterhaltsam sein würde? Und einzigartig und phantastisch und zauberhaft?

Nein, ich spanne euch nicht länger auf die Folter, ich werde es euch sofort erzählen. An jenem Abend produzierten wir alle gemeinsam die größte und schönste Luftkugel, die ihr euch vorstellen könnt. Eine von denen aus der vorherigen, guten Zeit: mit schillernden Farben, Mustern und Bildern, mit meiner geliebten Meeresbrise, mit dem Duft der Berge, mit Schokolade und Karamell, mit Thymian und Minze, mit Gardenien und Jasmin, mit einem silbernen Schein silberner als der Mond und einem Funkeln heller als die Sterne ... und so groß, aber wirklich so unglaublich groß, dass wir allesamt hineinpassen würden! Ja, alle! Alle Luftkugeldörfler und noch einer mehr: Ich.

Und dann ... stiegen wir einer nach dem andern in diese riesige Luftkugel, richteten uns darin ein und bereiteten uns auf den Aufstieg vor.

Als der Tag anbrach und unsere Kugel vom Gipfel des Hügels abhob und in die Höhe schwebte, erhob sich von einem Ende des Dorfes zum anderen ein großes Geschrei:

»Heeeee! Die hauen ab!«

»Wer? Wohin?«

»Was ist los?«

»Sie hauen ab!«

»Wer?«

»Alle!«

»Alle?«

»Aber wer soll uns denn das Frühstück machen?«

»Und unsere Luftkugeln? Ich habe zweiundvierzig Stück bestellt!«

»Und ich achtzig!«

»Und ich hundertsiebzehn! Wer macht sie denn jetzt?«

Die Kameras schwärmten in die Gassen aus:

»Beeilt euch! Sie hauen ab!«

»Aber wie denn?«

»Dazu haben sie gar kein Recht!«

»Schnell, verbindet uns!«

»Bringt die Kabel!«

»Die Scheinwerfer!«

»Eine Steckdose! Schnell, eine Steckdose!«

»Schaltet eine Sondersendung! Vielleicht schaffen wir es gerade noch!«

Als sie aber schließlich alles eingerichtet hatten, waren wir schon sehr hoch oben, und unsere riesige Luftkugel war von unten nur noch ein kleiner Punkt am Himmel.

Die Sonne war gerade eben aufgegangen. Die Kugel glitt durch die Lüfte, unter leisem Klingeln und Versprühen goldenen Staubs und zarter Duftwolken von Gardenien. Ein paar Vögel, die um uns herum flogen, guckten und wunderten sich, und die Passagiere eines Flugzeugs, das an uns vorbeizog, starrten mit offenen Mündern zu uns herüber.

Wir schenkten all dem allerdings keine Beachtung, wir hatten anderes zu tun. Wir mussten alle aufmerksam nach unten schauen mit großer Sorgfalt! – Um den idealen, saftig-grünen Hügel ausfindig zu machen, der über eine ganze Ebene blickt bis hin zum Meer, um das neue Luftkugeldorf zu bauen!

Aus dem Griechischen von Brigitte Münch

USCHIS WELT

Kerstin Fischer / Grit Peschke

Es war einmal eine Pudeldame namens Uschi. Sie hatte grazile lange Beine, schwarze Wuschellocken und eine lange, dünne Schnauze, die ihr leider so gar nicht gefiel. Aber was sollte sie machen?

Eines Morgens wachte Uschi auf, um festzustellen, dass einmal mehr ihre Herrchen noch im Bett lagen und fest schliefen. So beschloss sie, alleine nach draußen zu gehen, um ihr Geschäft zu erledigen. Es war ja schließlich nicht das erste Mal; ihre Pudeleltern waren nämlich etwas faul, na ja sagen wir mal: etwas sehr faul! ›Türenaufmachen‹ war deshalb Uschis bestes Kunststück oder vielmehr: ihr Einziges.

Mit einem geübten Satz sprang sie auf die Klinke der Haustür, schob ihre Nase in den geöffneten Spalt und drückte die Tür so weit auf, dass sie hinausschlüpfen konnte. Im umzäunten Vorgarten machte sie schnell ihr Geschäft. Anschließend schnupperte Uschi an jeder Blume, nieste mehrmals laut, trank aus dem Fischteich etwas Wasser und genoss den Frühlingsmorgen allein.

Uschis Magen knurrte. »Woher bekomme ich nun bloß etwas zu fressen?«, fragte sie sich missmutig. Dosen öffnen konnte die Pudeldame nämlich nicht, obwohl sie natürlich auch das schon versucht hatte. Auf der Suche nach etwas Essbarem lief die Hündin wieder zurück ins Haus und von dort in den Keller; dort war immer etwas Leckeres zu finden. Sie schnüffelte hier und schnupperte dort, fand aber nur einen alten Keks, der umgehend in ihrem Maul verschwand. Schon wollte sie wieder gehen, als ihr ganz hinten in der Ecke der Waschküche etwas ins Auge fiel. Leider war es aber nichts Essbares, sondern entpuppte sich beim Näherkommen als ein graues Wollknäuel. Mit der Schnauze stieß sie es an, um es in die Ecke zu kicken, als dem Knäuel mit einem Male vier Beine wuchsen, ein

Schwanz und eine spitze Nase. Zu guter Letzt rief das Ding keck: »He, was soll das?«

Uschis Locken standen sofort senkrecht vom Körper ab, und sie machte einen Riesensatz rückwärts. Lauernd beäugte sie das Objekt. Dann näherte sie sich langsam dem Knäuel und fragte zaghaft: »Hallo? Was machst du hier?« Und nach kurzem Überlegen setzte sie hinzu: »Suchst du vielleicht auch etwas zu fressen?«

Das Wesen schaute ihr frech in die Augen und schüttelte seinen kleinen spitzen Kopf. »Ich? Etwas zu fressen? Nein, ich suche nichts. Ich hatte doch gerade erst eine Käseplatte mit Brot und zu Blumen geschnitzten Radieschen. Du suchst doch nicht etwa nach Mäusen?« Letzteres fragte das Wesen dann mit einem ganz kleinen Zittern in der Stimme und weit weniger frech als zuvor.

»Aber nein!«, winkte Uschi ab. »Ich bin doch Vegetarierin. Ich esse nur Dosenfutter. Na ja, und manchmal eben Kekse so wie heute. Und was machst du jetzt hier?«

»Ich wohne hier, und du stehst gerade in meinem Wohnzimmer«, kam es von dem Fellklumpen zurück. Dann winkte dieser und fuhr verschwörerisch fort: »Komm mit in meine Küche, da habe ich noch ein paar alte Kekse, die dir vielleicht schmecken könnten.«

Sprach's, drehte sich um und war – shwupps! – im nächsten Moment schon in einem winzigen Loch in der Wand verschwunden. Uschi sprang sofort hinterher, prallte aber gegen die Wand und blieb mit der langen Schnauze stecken.

»Öööhhm höllö? Döööng? Müschd, üsch stöckö föschd!«. Nuschelte sie, stützte sich mit den Hinterpfoten gegen den Betonboden der Waschküche. Aber auch das half noch nicht. Erst als sie die Vorderpfoten gegen die Wand stemmte, konnte sie mit einem solchen Ruck ihre Schnauze aus dem Loch ziehen, dass sie beinahe auf ihr Hinterteil geplumpst wäre. »Autsch!«, rief sie laut und empört. »Hallo, du Ding, komm wieder raus!«

»Was ist denn?«, der graue Fellklumpen steckte Nase und Knopfaugen aus der Öffnung und blickte Uschi erstaunt entgegen. »Was hast du?«

»Ich kann da doch nicht hinein, zumindest nicht komplett«, antwortete Uschi verlegen. »Dafür bin ich doch wohl etwas zu groß!«

103

»Oh, stimmt, ist mir auch schon aufgefallen«, bestätigte der kleine Nager. »Du bist echt eine Riesenmaus!«

»Wie bitte?«, schnappte diese beleidigt. »Ich bin doch keine Maus. Ich bin eine Pudeldame!« Uschi richtete sich zu ihrer vollen Größe auf und reckte ihre Schnauze lang der Decke entgegen. »Siehst du!« Dann beugte sie wieder ihren Kopf und meinte versöhnlich: »Ich bin ein Hund und heiße übrigens Uschi! Und wie heißt du?«

»Maus.«

»Nein, ich wollte nicht wissen, was du bist, sondern wie du heißt!«, erwiderte Uschi verdutzt.

»Sag ich doch: Maus!«, bekräftigte der Nager und verschwand abermals im Mauseloch, um mit einem leckeren Schokoladenkeks wieder zurück zu kommen.

»Und was machen wir jetzt?«, fragte Maus, nachdem Uschi den Keks verschlungen hatte und die letzten Krümel vom Betonboden leckte. »Wir könnten uns draußen unsere Lieblingsplätze zeigen. Oder noch besser: Ein Abenteuer erleben. Es gibt nämlich davon ziemlich viele.« Aufgeregt sah sie zu Uschi hoch. Doch im nächsten Moment war ihr etwas eingefallen. »Ach nee, geht doch gar nicht. Wir kommen hier ja nicht raus!« Traurig ließ sie sich auf den Boden sinken.

»Das ist aber nun wirklich gar kein Problem für mich!«, triumphierte Uschi, war mit einem Satz auf der Türklinke, und der direkte Weg vom Keller in den Garten war frei.

»Wow!«, rief die Maus. »Du kannst ja zaubern!« Bewundernd schaute sie den Hund an. Uschi lächelte stolz und hätte beinahe zwei rosige Wangen bekommen, wenn man die unter ihren schwarzen Locken hätte sehen können.

»Und jetzt«, sagte der kleinere der beiden Vierbeiner, »zeige ich dir zuerst einen meiner Lieblingsplätze und danach bist du dran, ok? Oh, das wird aufregend!«

Dann zogen sie los. Zuerst ging es in den Park. Dort zeigte Maus, wo man am besten in der Erde gräbt, um die Nüsse zu finden, die das Eichhörnchen im letzten Herbst versteckt hat. Für Maus' Geschmack waren sie eine Köstlichkeit. Uschi schmeckten sie etwas zu sehr nach Erde ... und die Nussschale steckte ihr noch lange zwischen den Zähnen.

Danach ging es weiter zum Fluss. Jetzt war Uschi an der Reihe. Sie sprang ins Wasser, während Maus am Ufer wartete. Sie konnte nämlich nicht schwimmen – noch nicht!

Als nächstes wälzte sich Uschi in einem toten Fisch, der wohl ans Ufer gespült worden war. »Das gibt ein herrlich glänzendes Fell«, behauptete Uschi, während Maus angeekelt ihre Spitznase verzog.

»Glänzendes Fell hin oder her«, sagte sie, »es stinkt saumäßig. Du bist doch ein Hund und kein Schwein!«

Uschi fand, dass Maus' gerümpfte Nase der ihres Frauchens ziemlich ähnlich sah.

Anschließend hatten sie wieder Hunger. Sie beschlossen, etwas zu futtern zu suchen, und liefen zurück Richtung Stadt.

Maus hatte sich inzwischen angewöhnt, auf Uschis Kopf zu sitzen, sich an deren weichen Locken festzuhalten, und lauthals die Richtung zu kommandieren. Einmal versuchte sie sogar, die Pudeldame zum Rechtsabbiegen zu bewegen, indem sie fest am entsprechenden Ohr zog. Das wiederum fand Uschi gar nicht witzig, und fortan begnügte sich Maus damit, einfach die Richtungsangaben in das jeweilige Pudelohr zu rufen.

Als sie um die Ecke in eine Hofeinfahrt bogen, hörten sie ein tiefes, grollendes Knurren.

»Vorsicht!«, flüsterte Uschi. »Hier treiben sich oft die drei schrecklichen Rottweiler herum!«

»Was ist ein Rottweiler?«, wisperte Maus zurück.

Uschi murmelte schnell: »So etwas wie eine Riesenratte mit krummen Beinen, sabbernder Schnauze und gefletschten Zähnen – nur als Hund. Das ist ein Rottweiler!« Da stand der erste Rottweiler auch schon in voller Größe vor ihnen. Wie aus dem Nichts war er vor Uschi aufgetaucht. Er fletschte die Zähne. Mit hängenden Lefzen und vor Kraft bebend blies er Uschi seinen üblen Atem ins Gesicht.

»Uih«, staunte die Maus. »Naja, mit Ratten kenne ich mich aus«, sagte sie dann entschlossen. »Es scheint an der Zeit zu sein, ihnen einmal eine

Lehre zu erteilen. Lass mich nur machen. Geh einfach entschlossen auf den Hund zu, so weit du kannst, und knurre. Ich mache den Rest!«

Gesagt, getan. Obwohl Uschi mittlerweile die Beine mächtig zitterten, und zwar alle vier, nahm sie all ihren Mut zusammen und knurrte laut.

Das verwirrte den Rottweiler; immerhin liefen alle anderen Hunde sonst sofort davon. Uschi bemerkte das verdutze Gesicht und holte nun ein längst vergessenes Knurren aus ihrer Kehle. Nach anfänglichem Räuspern war es ein tiefes, sehr tiefes Knurren: »Rrrrroooooooorrrrr«.

Die Pudeldame war selbst überrascht, wie laut es war. Sie schloss die Augen und knurrte noch lauter. In diesem Moment jaulte der Angreifer vor Schmerz laut auf, schüttelte die Ohren und verschwand gehetzt in eine Hofecke.

Aber sofort war der nächste, noch größere Rottweiler da. Auch dieser baute sich bedrohlich vor Uschi auf und starrte sie wütend an. Die Pudeldame, zunächst etwas verdutzt über den plötzlich verletzten Angreifer, fühlte sich nun noch stärker als zuvor. Sie richtete sich zu ihrer vollen Größe auf, streckte angriffslustig den Kopf plus langer Schnauze vor und knurrte noch lauter. Sie konnte riechen, wie wütend der Hund war. Aber plötzlich jaulte auch dieser auf und hob erst verdutzt die eine, dann die andere Pfote – beide bluteten. Einen letzten Klagelaut von sich gebend, fiel er schließlich wie ein nasser Sack einfach um. Augenscheinlich war er in Ohnmacht gefallen.

So langsam hatte die Pudeldame eine Ahnung, was vor sich ging. Maus war einfach unschlagbar schnell und hatte, ohne dass die Angreifer es sehen konnten, drei Mal fest zugebissen. Zuerst ins linke Ohr des ersten Zähnefletschers und dann in die beiden Vorderpfoten des zweiten.

»Gut gemacht«, flüsterte Uschi „Jetzt ist nur noch einer übrig!«

Und da war er auch schon. Allerdings noch größer und mit dem riesigsten Maul, das die Hündin je gesehen hatte. »Oh Mann – aber dich kriegen wir auch noch!«, dachte sie.

Dieser jedoch war eindeutig schlauer als seine beiden Vorgänger. Er wartete lauernd in sichererer Entfernung. Langsam kam er auf die Pudeldame zu und schaute ihr dabei fest in die Augen.

Plötzlich jedoch quietschte der Rottweiler laut auf und rief mit einer merkwürdig hohen Stimme: »Iiiih! Eine Maus!« Mit einem großen Satz sprang er auf eine hohe Holzkiste hinter sich.

Verblüfft schaute Uschi abwechselnd auf Maus und auf den Riesenhund. Dann fing sie an laut zu lachen. Maus sprang auf Uschi zu, machte einen Satz auf ihren Kopf und lachte ebenfalls laut los. Der Rottweiler hatte nicht nur Angst vor Mäusen, er hatte auch noch eine hohe, piepsige Stimme.

»Bitte«, piepste er ängstlich »bitte nimm die Maus weg.«

»Aber die Maus tut doch keiner Fliege etwas zuleide«, kicherte Uschi.

»Ehrlich«, sagte Maus und äffte die piepsige Stimme des Rottweilers nach, »ich bin eigentlich ganz harmlos!«

Die beiden prusteten immer noch. Wie konnte ein so großer Hund nur so eine piepsige Stimme haben?

Der Rottweiler schaute unsicher erst zu Uschi und dann zu Maus herunter. »Das ist gemein. Ich kann nichts für meine Stimme«, sagte er und ließ traurig den Kopf hängen. Uschi und Maus schauten sich an.

»Er hat recht«, sagte Maus.

»Niemand ist perfekt«, nickte Uschi und dachte dabei an ihre lange Schnauze.

»Komm von der Kiste!«, rief Uschi zu dem Rottweiler. »Wie heißt du?«, fragte sie sofort neugierig, nachdem der Hund zögernd heruntergesprungen war.

»Ich heiße Bruno«, piepste der riesige Hund leise mit seiner hohen Stimme. Doch Uschi und Maus lachten diesmal nicht! Maus stellte die Pudeldame und sich vor.

»Und wer sind deine Freunde? Die anderen beiden Rottweiler?«, fragte Uschi.

»Die gehören gar nicht zu mir«, verneinte Bruno schnell. »Nur, mit dieser hohen Stimme werde ich überall ausgelacht. Deshalb habe ich mir zwei üble Hunde zugelegt, damit das niemand merkt. Leider sind beide nicht nur übel, sondern auch ziemlich dumm«. Er seufzte: »Freunde habe ich eigentlich keine.«

Maus und Uschi sahen sich an. »Wir könnten deine Freunde sein«, sagten Uschi und Maus fast gleichzeitig. »Lass uns Freundschaft schließen.«

Bruno guckte beide überrascht an: »Mit einer Pudeldame und einer Maus?«, piepste er.

Uschi knurrte ein wenig, aber nur ein wenig.

»Sehr gerne«, sagte Bruno schnell, »aber ihr dürft nicht mehr über meine hohe Stimme lachen!«

»Aber klar doch«, antwortete Uschi, »und du darfst nicht über meine lange Nase lachen und dass ich so viele Locken habe!«

Und Maus sagte: »Einverstanden, aber du darfst nie versuchen, mich zu fressen!«

»Ja, logisch«, fiepte jetzt auch Bruno.

Alle grinsten sich an.

»Dann auf zu neuen Abenteuern!«, rief Maus auf Uschis Kopf. Zu Bruno auf den Kopf traute sie sich noch nicht so richtig.

Und wenn sie nicht gerade wieder einmal Hunger haben, dann erleben sie ein neues Abenteuer.

DAS MODEL AUF DER MANGO

Britta Voss

Es war einmal ein recht ansehnlicher, vielleicht nicht allzu begabter, dafür aber reicher Unternehmersohn. Da er nur wenige Ziele im Leben hatte, aber stets wieder nach denselben gefragt wurde, beschloss er eines Tages, sich zu verheiraten. Ein Model sollte es sein, denn nur ein wirkliches Model, befand er, sei seiner würdig. Eine Frau an seiner Seite sollte zum einen natürlich so schön wie nur eben möglich sein, zum anderen aber liebte der Unternehmersohn diesen speziellen leeren Gesichtsausdruck, den nur wahre Models zeigen konnten. Lachen auf Knopfdruck, weinen auf Knopfdruck, das war es, was er wollte – natürlich vor allem wenn er es war, der diese Knöpfe drückte.

In seiner Stadt hatte er sich bereits umgesehen. Hier gab es viele schöne Mädchen und manche schienen sogar für ein Hochglanzmagazin geeignet zu sein. Aber ein wirkliches Model war nicht dabei.

So fasste der Unternehmersohn den Entschluss, eine lange Reise zu machen. Irgendwo auf der Welt musste es doch schließlich ein Model geben, das nur darauf wartete, seine Frau zu werden. Er packte seine mit verschlungenen Ls und Vs verzierten Koffer und trat vor seine Eltern. Diese wünschten ihm viel Glück. Sie waren mit ihrem Sohn einer Meinung, dass nur ein wahres Model eine passende Ehefrau für ihren Sprössling wäre. Noch lange blickten sie dem Sohn in seinem feuerroten Sportwagen hinterher.

Der Unternehmersohn blieb lange fort, man sagte ihm diverse Affären mit diversen Schönheiten nach, nie jedoch wurde daraus etwas Ernstes. Seine Eltern wurden langsam ungeduldig. Ihre Enttäuschung war groß, als der Sohn schließlich nach Hause kam, ohne eine Braut mitzubringen.

»Nun erkläre mir«, verlangte die Mutter, »hat es denn tatsächlich nirgendwo auf der Welt ein Model gegeben, das dich hätte heiraten wollen?«

»Oh doch«, antwortete der Sohn, »Schönheitsköniginnen und sogar Fotomodelle gab es genug. Aber immer war da etwas, was nicht stimmte. Die eine war zu groß, die zweite anorektisch, die nächste war zu klug, eine andere habgierig. Nie konnte ich bei einer erkennen, ob sie wirklich das Zeug zu einem wahren Model hatte.«

Als die Mutter dies hörte, war sie froh, dass der Sohn sich nicht mit einem falschen Model begnügt hatte.

Eines Abends zog nun ein schreckliches Unwetter über die Unternehmervilla hinweg. Blitz und Donner folgten in Sekundenschnelle, und der Regen glich einem Monsun. Der Unternehmersohn spielte auf seiner Konsole ein mäßig interessantes Action-Abenteuer, seine Eltern im Wohnzimmer surften genervt zwischen den Kanälen hin und her, verärgert, dass die Hälfte der Programme wegen des Gewitters ausgefallen war.

Wäre die Unternehmervilla nicht so perfekt gebaut, man hätte in dem Lärm von Wetter und Entertainment die Designerklingel nicht hören können.

»Wer mag das sein, bei diesem Wetter?«, staunte der Unternehmersohn und legte seinen Controler beiseite. Neugierig trat er ans Fenster, konnte jedoch nichts sehen. Erst als jemand die Beleuchtung im Außenbereich einige Stufen höher stellte, war eine Gestalt vor dem großen Tor am Ende des Zufahrtsweges erkennen. Bald darauf stapfte eine Weitere in den Lichtkegel; das war der Unternehmer selbst, der mit Schirm, Charme und Designergummistiefeln den Weg zur Einfahrt hinabwanderte. Der Unternehmer weigerte sich standhaft, die Fernbedienung für das Tor zu benutzen. Man muss schließlich mit eigenen Augen sehen, wer da das Grundstück betritt, fand er.

Vor dem Tor stand eines der schönsten Mädchen, das der Unternehmer je gesehen hatte. Dünn war sie, das konnte man ohne Zweifel feststellen, da die Kleidung wie ein triefender Sack an ihr herunter hing. Regen und Sturm hatten auch ihrem Haar arg zugesetzt. Die ganze großäugige Gestalt tropfte vor Nässe und zitterte vor Kälte. Schnell tippte der Unternehmer einen fünfstelligen Zahlencode in das Ziffernfeld der Schließanlage und ließ das Mädchen aufs Grundstück.

An der Eingangstür wurden die beiden von der Unternehmersgattin und dem Sohn des Hauses erwartet.

»Wie schön sie ist«, überlegte die Gattin erstaunt.

»Ich glaube, ich bin verliebt«, überlegte der Sohn noch erstaunter.

Die schöne junge Frau wurde zu einem der Gästezimmer mit angrenzendem Bad geführt, wo sie sich aufwärmen und frisch machen konnte. Einen warmen, flauschigen Hausanzug und passende Hausschuhe legte man für sie bereit.

Als das fremde Mädchen so gekleidet später ins Wohnzimmer kam, sah man deutlich, dass ihr die Kleidung viel zu weit war. Die Unternehmersgattin staunte. Immerhin trug sie selbst nur Größe 36. Und selbst darin schien die Unbekannte zu versinken.

»Bist du etwa ein Model?«, fragte der Unternehmersohn, der die Augen nicht von der zierlichen Person lassen konnte.

»Ja, das bin ich«, antwortete das Mädchen und schaute den Unternehmersohn mit ihren großen Augen, denen keinerlei Emotion zu entnehmen war, an. »Noch kennt man mich nicht, aber nächsten Monat bin ich in der Vogue zu sehen«, fügte sie erklärend hinzu. Doch der Unternehmersohn hörte kaum hin, zu fasziniert war er von dem leeren Gesicht, das die Erfüllung seiner Träume zu sein schien.

Die letzte Bemerkung beruhigte dafür die Unternehmersgattin, denn als sie dem Mädchen die Hauskleidung gebracht hatte, war ihr Blick auf deren nasse, achtlos hingeworfene Kleidungsstücke gefallen. Die Labels waren allesamt gefälscht, das hatte sie mit Kennerblick sofort gesehen. Kurz hatte sie es da mit der Angst zu tun bekommen, doch offenbar war das Mädchen einfach nur ein Model am Anfang seiner Karriere. Da konnte man sich schließlich weder Chanel-Handtasche noch Armani-Anzug leisten. Allerdings – ein Restzweifel blieb.

Der Abend sprach jedoch dafür, dass tatsächlich wie durch ein Wunder ein wahres Model den Weg in die Villa und zu dem verliebt dreinschauenden Unternehmersohn gefunden hatte. Denn während die Familie ein spätes Dinner genoss, knabberte das fremde Mädchen nur an ein paar Möhren und schien damit sehr zufrieden zu sein. Der Unternehmersohn sah es und wünschte sich von Herzen, das Mädchen möge wirklich ein wahres Model sein. Er konnte schließlich nicht ahnen, dass seine Mutter bereits dabei war, dies herauszufinden.

Die Unternehmersgattin wusste nämlich ganz genau, wie sich ein wahres Model von einem falschen unterscheiden ließ. Sie nahm eine Mango aus dem täglich frischen Obstkorb und legte sie unter die Matratze des Gästebettes. Vorsichtig rückte sie das Bettzeug wieder zurecht, was ihr nicht leichtfiel, denn schließlich musste sie sich sonst nie mit solchen Arbeiten befassen. Letztendlich aber konnte man auf den ersten Blick nichts mehr von der Mango erkennen. Zufrieden ging sie zu ihrem Mann und berichtete von ihrem Werk. Schon morgen würden sie wissen, ob sich tatsächlich ein wahres Model in der Villa eingefunden hatte.

Am Ende des Abends gähnte das Mädchen verstohlen mehr und mehr. Es schien sehr müde zu sein. Aber das war ja zu verstehen, denn schließlich war es lange zu Fuß unterwegs gewesen, nachdem es den Bus verpasst hatte. Und auch die unfreiwillige Dusche in dem Unwetter hatte nicht unbedingt zur Ermunterung beigetragen. So zeigte das Mädchen sich dankbar, dass alle sich direkt nach dem späten Abendessen in ihre Zimmer zurückzogen.

Aufatmend ließ sie sich auf das luxuriöse Lager fallen. Dann jedoch wurde es nichts mit der ersehnten Nachtruhe. Die Mango drückte sich in die knochige Wirbelsäule des Mädchens, und fast schon hätte es sich gewünscht, doch ein wenig Fett auf den Rippen zu haben. Die ganze Nacht wälzte sich das Mädchen unruhig in seinem Bett, doch es half nichts, der Schlaf wollte nicht kommen, die Mango störte zu sehr.

Am nächsten Morgen hatten sich tiefe Ringe unter den Augen des Mädchens gebildet. Als die junge Frau diese im Spiegel entdeckte, war sie sehr stolz, denn jetzt kam sie dem 90-er-Jahre-Heroin-Schick ihres Vorbildes noch um Einiges näher. Auch die wegen der Übermüdung leicht eingefallenen Wangen und die blasse Haut standen ihr ihrer Meinung nach hervorragend.

Als sie mit hoch erhobenem Kopf am Frühstückstisch erschien, fragte der Unternehmer freundlich: »Und, mein Mädchen, wie hast du geschlafen?«

»Gar nicht gut«, jammerte das Mädchen. »Irgendetwas muss sich in mein Bett verirrt haben und hat mir den Rücken gequetscht.«

Die Unternehmersgattin hörte dies und war sehr zufrieden. Nur ein wahres Model würde dumm genug sein, lieber gar nicht zu schlafen statt nach der Ursache des Unbehagens zu suchen. Außerdem stand der jungen Frau die Blässe ausnehmend gut. »Du erinnerst mich an ein bekanntes Model. Ich weiß nur nicht an welches«, überlegte die Unternehmers-gattin laut.

Wie glücklich war da der Unternehmersohn! Er wusste, an wen das Mädchen seine Mutter erinnerte! Für ihn stand spätestens jetzt außer Frage, dass vor ihm ein zukünftiges Topmodel stand. Noch am selben Tag fuhr er mit dem Mädchen zu einem Fotografen, denn obwohl sie doch ein wahres Model war, hatte sie erstaunlicherweise keine Set-Card oder eine Model-Mappe. Und da der Unternehmersohn sein Model gar nicht wieder gehen lassen wollte, kaufte er ihr gleich noch einen Kleiderschrank voller Designer-Kleidung dazu.

Selig schlummerte der Verliebte am Abend in den Armen seiner Liebsten ein. Er wähnte sich im siebten oder gar achten Himmel. Und als er bei hellem Sonnenschein die Augen wieder aufschlug, wollte er nichts mehr, als sein Model sofort wieder auf Händen tragen. Heute würde er ihr einen Ring kaufen.

Doch – oh weh! Wo war sie nur? Er warf einen Blick in das anliegende Bad und sein privates Wohnzimmer. Danach durchsuchte er auch den Rest der Villa. Doch außer seinen verwirrten Eltern fand er niemanden.

»Wo ist nur mein ganzer Schmuck hin?«, rief die Unternehmersgattin.

»Wo sind nur meine Manschettenknopfsammlung und meine Fabergé-Eier?«, rief der Unternehmer.

Da erst fiel dem Unternehmersohn auf, dass die Koffer voll neuester Designer-Kleidung ebenso verschwunden waren wie das Model selbst.

»Das darf doch nicht wahr sein«, hauchte der Unternehmersohn atemlos.

»Meine Erbstücke«, hauchte die Unternehmersgattin noch atemloser.

»Hmpf«, nuschelte der Unternehmer und sank auf das Sofa.

Und wenn sie nicht gestorben sind, dann versuchen sie noch immer zu begreifen, dass Models nicht immer Models und Betrüger nicht immer böse dreinschauende Mafia-Bosse sind. Der Unternehmersohn überlegte ernsthaft, sich bei einer Partnerbörse anzumelden, ging dann jedoch lieber wieder auf Weltreise. Eine Mango wurde nie wieder gekauft

BRAUTSCHAU

S. A. Urban

Als Anne noch ein kleines Mädchen war, hatte sie so oft wie möglich ihre Großmutter besucht, die in einem kleinen grauen Haus am Mühlteich wohnte. Ihre Großmutter konnte wunderbare Geschichten erzählen von den Geistern, die ihr Unwesen am und vor allem im Wasser trieben. Sie kannte viele Geschichten, doch die vom Wassermann, der schöne Mädchen zu sich in die Unterwasserwelt lockt, gefiel Anne am besten. Wieder und wieder musste die Oma ihr von dem hübschen Jüngling mit den blonden Locken und der roten Mütze erzählen, dessen Zähne so grün schimmerten, wenn er ein Mädchen anlächelte.

»Du musst dich vor ihm in Acht nehmen«, hatte ihre Großmutter gesagt. »Wenn er ein Mädchen erst einmal in sein Reich gelockt hatte, kann es nie wieder zurückkommen. Das arme Ding muss für den Neck kochen, putzen und ihm Kinder gebären, die ebenfalls grüne Zähne haben. Dem Mädchen wachsen grüne Algen in den Haaren, so dass es bald selbst wie eine Wasserfrau aussieht. Nass und kalt ist es im Reich des Wassermanns, und wenn er eine Frau mit seinen kalten Armen umarmt, ist es, als ob glitschige Schlingpflanzen sie umfangen.«

Ermahnend hatte die Großmutter dann über Annes Haar gestrichen. »Der Neck tarnt sich als hübscher junger Mann«, hatte sie mit leiser Stimme weitererzählt. »Man kann ihn nur an seinen grünen Zähnen oder den nassen Zipfeln seiner Kleidung erkennen. Unablässig tropft Teichwasser auf den Boden.«

Gewöhnlich hatte Anne dann zusammen mit ihrer Großmutter das alte Lied gesungen, das vor dem Wassermann schützten sollte. Die tiefe Stimme der Großmutter in harmonischem Klang mit Annes zarter Kinderstimme:

»Neck, Neck, Nadeldieb, du bist im Wasser, ich bin am Land.
Neck, Neck, Nadeldieb, ich bin im Wasser, du bist am Land.«

Die Jahre vergingen, und Anne war älter geworden. Andere Dinge waren jetzt für sie wichtig. Die Geschichten, die sie früher so geliebt hatte, gerieten in Vergessenheit, und Anne glaubte nicht mehr an Wesen, die in der Tiefe des Wassers lebten.

Anne war erwachsen geworden ...

»Kommst du heute Abend wieder mit ins ›Succubus‹?« Gaby sah Anne mit erwartungsvoll leuchtenden Augen an.

»In diesen ollen Grufti-Schuppen an der Saale? Du weißt doch, dass ich die Leute dort nicht so prickelnd finde.« Demonstrativ genervt wandte sich Anne wieder ihrem Buch zu. Immer kam Gaby mit irgendwelchen ausgefallenen Ideen, bei denen Anne unbedingt mitgehen musste. Jedes Wochenende war es etwas anderes. Je ausgefallener, desto besser war dabei Gabys Devise.

»Ach, komm schon«, drängte sie jetzt. »Ein bisschen tanzen, ein bisschen gucken und amüsieren. Und das Aufbrezeln macht dir doch auch Spaß. Wann kann man sich sonst so toll verkleiden? Heute ist Vampir-Tanznacht. Ich leihe dir auch mein Kleid, das bodenlange, das dir so gut gefällt.«

Anne zuckte mit den Schultern. »Okay, aber nur, wenn ich auch die Satinhandschuhe dazu tragen darf.«

Aufgeregt klatschte Gaby in die Hände. »Klar, die gehören doch dazu.«

Eine Stunde später stand Anne in einer düsteren, von Grablichtern erhellten Kellerbar. Sie unterschied sich in ihrem tief dekolletierten schwarzen Kleid kaum von den anderen Gästen, auch wenn sie sich nicht dazugehörig fühlte.

Bizarr gekleidete Menschen tanzten zu seltsamer Musik auf einer von Nebelschwaden umwaberten Tanzfläche.

»Schau dir das nur an«, sagte Gaby. »Wo findet man sonst so eine super Party?«

»Auf einem Friedhof?«, entgegnete Anne trocken und deutete dezent auf einen Mann mit Umhang und Zylinder, der seine Vampirzähne blitzen ließ.

»Ach, komm schon, Anne, sei keine Spielverderberin. Magst du was trinken?«

»Nur wenn keine Würmer drin schwimmen ...“

Die Bar schmückten Totenköpfe und Knochen. Alles erinnerte auf eigenwillige Weise an alte, staubige Katakomben. Das einzig Normale schien hier der Barmann zu sein, der mit einem freundlichen Lächeln fragte, was er ihnen bringen dürfe. Während Gaby bestellte, drehte sich Anne um und musterte die Anwesenden. Die Frauen hatten sich fast durchweg derart herausgeputzt, dass sie auf einem Ball der letzten Jahrhunderte nicht aufgefallen wären. Viele schwarze, barockartig ausladende Kleider waren zu sehen. Manche hatte sich durch zerrissene Spitze und bleiche Schminke einen morbiden Charakter zu Eigen gemacht. Die Männer trugen Frack oder Umhang. Auf mancher Weste glänzten silberne Ketten, oder Halsbänder mit Killernieten zierten den Träger. Bei jedem Schritt erklangen Geräusche, die an klirrende Schlossgespenster erinnerten.

Anne konnte sich ein kleines Kichern nicht verkneifen. Schnell wandte sie sich ab, als ein auffällig gekleideter Mann neben ihr Platz nahm und sie mit seinen kontaktlinsengeschmückten Zombieaugen ansah.

»Hier, Anne«, sagte Gaby, schob ihr ein Glas hin und grinste verschwörerisch. »Ich muss schnell mal tanzen gehen.« Mit einem dieser nietenverzierten Typen verschwand sie in den Nebelschwaden der Tanzfläche.

Anne nippte nervös an ihrem Drink. Verloren sah sie sich um. Wohlgefühlt hatte sie sich hier noch nie ... und nun musste Gaby sie auch noch allein lassen.

Vielleicht sollte sie auch tanzen? Lust auf Konversation mit diesem sonderbaren Freak hatte sie jedenfalls keine. Sie fand diese Leute mit ihrem gruseligen Aussehen und den dahinter verdeckten morbiden Ansichten krank. Viel lieber wäre sie heute in eine normale Disco gegangen und hätte einen normalen Jungen kennengelernt. Dass sie sich aber auch immer wieder von Gaby überreden ließ ...

Langsam schweifte ihr Blick über die grotesk verkleideten Gestalten. Mit ihren schwarz gefärbten Haaren und der schwarzen Kleidung ergaben sie einen undurchdringlichen düsteren Einheitsbrei.

Wo war Gaby nur? Sie konnte ihre Freundin zwischen all den Tänzern nicht finden. Unbeweglich stand am Rand der Tanzfläche dieser Graf Dracula mit den spitzen Vampirzähnen, der ihr am Anfang schon negativ aufgefallen war, und fixierte sie. Richtig unwohl fühlte sie sich unter diesem starren Blick. Noch schlimmer wurde es, als der Graf plötzlich den Weg in ihre Richtung einschlug. Sie würde auf keinen Fall darauf warten, dass er sie ansprach. Sollte Gaby sich doch allein hier amüsieren.

Anne lief mit rauschendem Kleid zur Garderobe und suchte zitternd die Garderobenmarke. Fast fiel sie ihr aus der Hand, so eilig hatte sie es, von hier weg zu kommen.

»Mein Geschmack ist die Musik heute auch nicht«, sagte eine Stimme hinter ihrem Rücken.

Erschrocken wandte sie sich um. Ein Paar wasserblaue Augen blickten sie an. Sie waren, trotz der dämmrigen Beleuchtung, so strahlend, dass es ihr die Stimme verschlug.

»Ähm....«, stotterte sie. »Ich wollte nur gehen, weil ..." Ihr fiel einfach nichts ein, womit sie den Satz beenden konnte.

Das Gesicht des jungen Mannes war, trotz eines leichten Bartschattens, richtig hübsch. Ihre Augen wanderten über das blonde wellige Haar, das ihm bis auf die Schulter fiel. Und dann lächelte er. Wie ein Sonnenstrahl huschte dieses Lächeln über sein Gesicht und ließ es aufleuchten.

»Weil ...«, fragte er und beendete ihren unterbrochenen Satz, »... du noch etwas anderes vorhast?«

»Ähm ... nein ... ich ...«. Wieder kam nur dieses furchtbare Gestammel aus ihrem Mund. Ihr Gehirn arbeitete fieberhaft. Sie musste etwas Witziges sagen oder zumindest etwas Sinnvolles. Sie konnte doch nicht vor dem einzigen normalen Jungen in diesem Club wie eine Idiotin dastehen und dummes Zeug faseln. Was wäre, wenn er sich umdrehte und einfach ging? Sie würde im Erdboden versinken. Aber sie wollte doch viel lieber, dass er ... Ja was wollte sie überhaupt? Irgendwie fühlte sie sich so durcheinander.

Er lächelte noch immer sein bezauberndes Lächeln. »Sehr schön!«, sagte er.

Annes Knie wurden weich. Als er ihr mit einem Nicken seines Kopfes andeutete, sie nach draußen zu begleiten, spürte sie eine unbändige Freude in sich aufsteigen. Sie griff nach ihrem Mantel und folgte ihm.

Plötzlich glitt ihr Fuß weg. Sie strauchelte. Geistesgegenwärtig griff er nach ihrem Ellbogen und verhinderte, dass sie zu Boden fiel.

Das hätte ihr wirklich noch gefehlt. Erst herumstottern und dann über die eigenen Füße stolpern. Verwirrt sah sie zu Boden und entdeckte dort, wo er gerade noch gestanden hatte, eine Wasserlache.

Er lächelte sie entschuldigend an. »Vielleicht regnet es draußen?«

Sie gingen gemeinsam die Treppe hinauf, und Anne musterte ihn genauer. Auch er trug schwarz, so wie es in solchen Clubs üblich war. Seine Lederhose und der schwarze Lackmantel glänzten im Licht der schummrigen Kerzen, die die Treppe säumten.

Als sie auf die Straße traten, empfing sie ein sternenklarer Nachthimmel.

»Es regnet doch nicht«, sagte Anne und versank vor Scham fast im Boden, als sie seinen verständnislosen Blick sah. Er schien seine Bemerkung von vorhin vergessen zu haben.

»Wollen wir noch ein wenig spazieren?«, fragte er. »Ein bisschen am Fluss entlang. Dort ist es wirklich wunderschön.« Seine Fingerspitzen berührten ihre, und ein Gefühl von Vertrautheit umfing sie.

Anne senkte den Blick. »Gern, zeig mir den wunderschönen Fluss«, flüsterte sie.

Er fasste ihre Hand und zog sie näher zu sich. Sein Mantel fühlte sich kalt und glatt an. Anne sah in seine Augen und hatte das Gefühl, in ihnen zu ertrinken. Sein Gesicht kam näher und näher, und ihr Pulsschlag beschleunigte sich. Sie öffnete leicht ihren Mund und empfing seinen sanften Kuss. Kühl und weich schmiegten sich seine Lippen auf ihre. Ihre Beine gaben nach. Doch er hielt sie mühelos, legte seine Finger unter ihr Kinn und hob ihren Kopf.

»Kommst du mit?« Seine Stimme war so melodisch wie das leise Plätschern eines Baches, wenn er durch sein moosbedecktes Bett floss.

»Gern«, hauchte Anne. Sie fühlte sich so benommen, als ob sie träumte. Einen wunderschönen Traum, aus dem sie niemals erwachen wollte.

Vor sich sah sie das still dahin fließende Wasser der Saale. Der Weg zum Fluss war so kurz gewesen, sie hatte gar nicht bemerkt, wie die Zeit vergangen war. Verliebtheit schien nicht nur blind, sondern auch verwirrt zu machen.

Ja, dachte Anne, sie war verliebt, Hals über Kopf verliebt. In einen Jungen, dessen Namen sie noch nicht einmal kannte ...

»Wie heißt du eigentlich?« Sie musste sich konzentrieren, um diese wenigen Worte zu sprechen.

»Nick.«

»Nick?«, wiederholte sie. »Was für ein schöner Name.«

Seine süßen Lippen lockten sie erneut. Sie zog ihn an sich und küsste ihn, wollte nie wieder damit aufhören. Sie fühlte seinen festen, kühlen Körper, roch sein After Shave, das sich mit dem Schlammgeruch des Flusses mischte.

»Willst du ... mit mir ... kommen?«, fragte er atemlos zwischen ihren wilden Küssen.

»Wohin du willst«, seufzte Anne. Sie würde mit ihm gehen. Die Nacht versprach doch noch mehr als nur die Gesellschaft seltsamer Gruftis und Pseudo-Vampire. Wer hätte das vor einer halben Stunde noch gedacht? Leise lachte sie in sich hinein.

Während sie sich umarmten und küssten, bemerkte sie kaum, wie sie Schritt für Schritt weitergingen. Sie wollte Nick nicht loslassen. Sie wollte ihn küssen, fühlen, riechen, schmecken. Seine Berührungen erzeugten ein kühles Kribbeln, das ihren Körper hinaufstieg. Von den Füßen über ihre Beine, den Bauch, ihre Hüften in ihren Oberkörper.

Anne keuchte, als die Kälte ihre Brust erreichte. Sie riss die Augen auf und erstarrte. Um sie herum war Wasser, überall dunkles kaltes Wasser.

Sie glaubte ihren Augen nicht zu trauen, schüttelte den Kopf. Sie befanden sich mitten im Fluss. Sanfte Wellen umspielten ihre Körper.

»Was? ... Wie? ... Oh Gott, wir versinken!«, rief sie voller Panik und klammerte sich an Nick.

»Keine Angst, mein Liebchen«, antwortete dieser und sah sie mit Augen an, die so schwarz wie das Wasser um sie herum waren. »Du hast doch gesagt, du kommst mit mir, wohin ich will.«

»Aber damit meinte ich doch nicht den Fluss! Ich meinte dein Zimmer!« Die Hysterie ließ ihre Stimme kippen.

»Der Fluss ist mein Zuhause«, sagte Nick ruhig und hielt sie umfangen. »Herzlich willkommen in meinem Reich.«

»Wer ... wer bist du?«, flüsterte sie.

»Du weißt es doch schon längst. Weigere dich nicht, du kannst sowieso nicht mehr zurück. Du hast versprochen, mit mir zu gehen. Nun komm!«

Seine starken Hände umfassten ihre Hüften, doch Anne hätte sich sowieso nicht wehren können. Ihre Muskeln waren wie versteinert, während sie tiefer und tiefer im Wasser versanken.

»Nein!«, schrie sie. »Solche wie DICH gibt es doch nur im Märchen!«

Nick lachte. Es klang wie das Murmeln einer Quelle. »Dann begrüße ich dich in meinem Märchenreich. Mach es dir bequem und wehr dich nicht, dann geht es schnell.«

Anne wollte schreien, kämpfen, sich losreißen, doch das Wasser drang ihr in den Mund, füllte ihre Lungen, lähmte ihren Körper und erstickte jeden Laut.

Und Nick, der Wassermann? Er beugte sich zu den Lippen seiner Braut, während die Wellen über ihnen zusammenschlugen.

WA(H)RE FREUNDE

Kyro Ponte

Zum Andenken an Oscar Wilde

Als die Zwerge aus Märchengestalten wieder zu gewöhnlichen Menschen wurden und die Astronomen tief ins All schauten, lebten einmal zwei ungleiche Freunde: Mario und Richard. Mario hatte sein bescheidenes Häuschen unweit vom Meer. An das Leben stellte er keine große Erwartungen: Er liebte gutes Essen, die Musik, die Freiheit, und seine Armut verstand er als Tugend. Er war nicht gänzlich sorglos, aber er glaubte, dass man dies nur im Paradies sein könne. Daher beklagte er sich nicht. Weder weil er mit seinem Boot bei Tagesanbruch auf das offene Meer hinauszog, um Fische zu fangen, noch weil er anschließend den Fang mitten in der Hitze auf den Markt bringen und verkaufen musste.

Jeden Mittag, wenn Mario nach Hause kam, fiel er völlig erschöpft ins Bett. Seine Träume liefen über die weißen Bettlaken, und nur die beißenden Klagerufe der Zikaden, die wegen der Hitze beinahe geplatzt wären, weckten ihn nach etlichen Stunden wieder. Er wusch sich das Gesicht mit Olivenseife, und der Duft des arabischen Kaffees, den seine Frau dampfend in die Tassen goss, stieg ihm bereits in die Nase. Das Paar weilte dann im Wildgarten. Es schaute sich die Farben an und roch die Düfte der verschiedenen Pflanzen und Blumen, die dort jedes Jahr von selbst gediehen: wildes Basilikum und Krauseminze, Anemonen und Goldlack, Glockenblumen und Veilchen. Auf diesem kleinen Stück Erde wurde für Mario die Existenz Gottes spürbar.

Wenn im Sommer der Jasmin blühte, roch es herrlich in der ganzen Nachbarschaft, so dass jeder Passant einen Blick in Marios Garten warf. So war es auch an jenem Tag, als Richard vorbeischlenderte. Die weißen Jasminblüten waren der Anlass, dass der sonnengebräunte Mario und der von Natur aus korpulente und strebsame Richard Freunde wurden. Es war zu jener Jahreszeit gewesen, in der Richard allabendlich zusammen mit seinem Sohn den Berg hinunter stieg, um sich an der Meeresküste zu erfreuen und ein wenig seinen Körper zu wärmen, denn der Winter im Hochland war hart und dauerte lange.

Den Winter über arbeitete Richard hart, damit sein Unternehmen gut lief. Womit er sich genau beschäftigte, verstand Mario nicht; er hatte auch nicht vor, diesen zu fragen, weil er damit nicht ›die kostbare Würze ihrer Freundschaft‹ verderben wollte, wie er sagte. Jedenfalls schien es, dass das Geschäft gut lief, denn von überall her kamen Käufer. Richard war durch die ganze Welt gereist, hatte viele Kenntnisse und Geld erworben und war ein geschätzter Verhandlungspartner.

Allsommerlich, bevor er den Rückweg zum Berg antrat, ging er abends am Haus des Fischers vorbei. Mario schätzte es sehr und ließ seinen Freund niemals mit leeren Händen gehen: Er gab ihm Blumen, Bündel mit frisch geschnittener Minze, Melisse und Basilikum.

»Wahre Freunde müssen alles teilen«, pflegte Richard zu sagen, und Mario war stolz, dass er etwas von seinen bescheidenen Habseligkeiten abgeben konnte. Zwar fanden es die Nachbarn manchmal seltsam, dass Richard bis jetzt nie seinem Freund etwas geschenkt hatte, Mario aber beschwerte seinen Kopf nicht mit derartigen Dingen.

Im Winter trafen sich die Freunde nicht. In den langen, kalten Nächten saßen Richard und seine Frau vor dem Kamin und sprachen ab und an über Mario.

»Es hat keinen Zweck, inmitten dieser Eiseskälte ans Meer zu gehen, und solange der Schnee liegt, ist es auch unmöglich«, fing Richard fast stereotyp das Gespräch an. »Was sollte man da auch tun? Das Meer tobt, und die winterliche Landschaft ist abscheulich. Ich denke natürlich hin und wieder an Mario, aber machen kann ich nicht viel. Der Winter ist zweifellos hart für ihn. Man sollte aber Menschen, die in Not geraten, lieber allein lassen und sie nicht mit Besuchen belästigen. Jeder muss allein zurechtkommen und in schweren Zeiten für sich selbst sorgen.« Richard schnaubte sich die Nase.

»Es ist wirklich ein Genuss, dich so über Freundschaft reden zu hören. Wie rücksichtsvoll und großherzig du bist. Du denkst an deinen Freund, obwohl du es auch nicht leicht hast und tagtäglich hart arbeitest«, merkte seine Frau an und sank selbstzufrieden in ihr bequemes Sofa.

Mitgerissen von den Mitleidsbekundungen, die in jenem Augenblick durch den Raum schwebten, ergriff ihr Sohn das Wort: »Könnten wir sie nicht hierher bringen, jetzt wo es bitter kalt ist? Nur für ein Wochenende, bitte!«

»Was für ein törichter Junge du bist!«, tadelte ihn sein Vater. »Wie würdest du dich fühlen, wenn du nichts zum Essen hättest, nichts, um dich zu wärmen, und dann würde man dich plötzlich in ein warmes Haus voller Speisen bringen?« Der Kleine errötete. »Denk mal ein wenig nach. Wenn sie hierherkämen, glaubst du nicht, dass sie es auf unser Hab und Gut absehen könnten? Würden sie nicht neidisch werden? So etwas will ich von dir nie mehr hören. Pfui, und ich dachte, du wärst klug!«, fuhr sein Vater fort.

»Ehrlich gesagt, könnten wir dem armen Mario ein wenig auf die Sprünge helfen«, sagte seine Frau beschwichtigend. »Nicht, dass wir ihn hierher bringen. Um Himmels Willen! Dein Vater hat recht. Neid ist eine schreckliche Sache. Sie verdirbt jedermanns Charakter und natürlich auch die Freundschaft«, merkte die Frau nachdrücklich an und schaute ihrem Sohn streng in die Augen.

»An was denkst du?«, fragte Richard neugierig.

»Wir könnten ihm den Dung geben, der sich hier all die Jahre gesammelt hat. Er kann ihn auf seinem Acker ausbringen, und jedes Mal, wenn du im Sommer vorbeigehst, kannst du als Gegenleistung etwas Gemüse mitnehmen.«

»Daran hatte ich gar nicht gedacht«, sagte Richard. »Gute Idee. Warum nicht? Und das mit der Gegenleistung, das werde ich schon richten.«

»Ich habe keine Zweifel, dass du es schaffst«, meinte seine Frau und gähnte, ein wenig benommen von ihrer Piña Colada.

»Viele handeln aufrichtig, manche wenige sind redegewandt, und verschwindend klein ist Anzahl derer, die in beidem gut sind«, merkte Richard selbstsicher an.

Als es überall wieder nach Thymian und Jasmin zu riechen begann, fuhr Richard eines Abends mit seinem Sohn hinunter zum Meer. Auf dem Rückweg kam er wie üblich an Marios Haus vorbei.

»Alter Freund, wie geht es dir?«, rief er über den Zaun.

»Ach, wie soll es mir gehen?«, antwortete Mario mit rauer Stimme. »Ich habe eine ziemlich böse Zeit hinter mir.«

»Wir haben im Winter sehr oft an dich gedacht«, sagte Richard und lächelte seinen Sohn an.

»Sehr gütig von dir. Und wir dachten schon, dass uns alle vergessen haben.«

»Wie ist so etwas möglich? Freundschaft vergisst niemals.«

»Die Freundschaft vergisst nicht, aber ich meine ...«

»Ach, egal ... vergangen und vergessen. Wir werden doch nicht unsere Zeit mit der Vergangenheit verschwenden. Jetzt liegt der ganze Sommer vor uns. Versuch' endlich einmal die Poesie des Lebens zu begreifen. Tu' mir bitte einen Gefallen: Gib mir einige Tomaten und zwei, drei Salatköpfe. Meine Frau lobte im Vorjahr bei aller Welt dein Gemüse und dein Obst.«

»Ich würde es gerne tun, aber es geht nicht, mein Freund. Weißt du, damit ich durch den Winter kommen konnte, musste ich viele Werkzeuge verkaufen und auch noch meinen Verlobungsring. Der Vorrat ist aber aufgebraucht. Um keinen Hunger zu leiden, musste ich zum Markt gehen und mein Gemüse und Obst dort verkaufen«, berichtete Mario bekümmert.

»Warum dich anstrengen? Du brauchst nirgendwo hingehen. Ich werde dich bezahlen und du gibst mir täglich, was du hast. Hat man dafür nicht Freunde?«, sagte Richard, streckte ihm die Hand hin und gab ihm einen Fünfziger und eine leere Tüte.

»Das ist zu viel«, erwiderte Mario ein wenig beschämt. »Meinst du nicht?«

»Nein, nein, ich will fair zu dir sein. Deine Mühe muss entsprechend belohnt werden. Ich werde dir auch täglich dein Gemüse abnehmen. Und damit du mehr produzierst, gebe ich dir unseren Dung. Du wirst uns aber bessere Preise machen«, stellte Richard fest und ging fort, ohne auf eine Antwort zu warten.

Am nächsten Tag belud Richard seinen Jeep mit mehreren Säcken Dung und hupte kräftig, als er den Berg hinunterfuhr. Voller Freude eilte Mario seinem Freund entgegen, öffnete die Tür und rief Frau und Tochter zu Hilfe.

»Was soll ich sagen. Das ist sehr großzügig von dir.«

»Ich werde dir helfen – hatten wir es nicht so ausgemacht? Ich will aber, dass du jetzt, am Sommeranfang, mit voller Kraft produzierst: Gurken, Tomaten und Salat. Ach, und bitte mähe mal diesen Wildwuchs da drüben«, sagte Richard und ging.

Dieser letzte Satz bereitete Mario Kummer. Er ließ ihn sich mehrmals durch den Kopf gehen. Er verstand seinen Freund nicht mehr. Immer wenn er Richard Wildblumen, Tees und Heilkräuter schenkte, hatte dieser es zu schätzen gewusst. Was hatte sich unterdessen geändert? Warum äußerte er sich jetzt so abfällig über den Wildgarten?

Am nächsten Tag, als Mario vom Fischfang kam, konnte er keine Ruhe finden und auch nicht einschlafen. In eine Art Selbstgespräch vertieft, überlegte er sich gründlich, was er mit seinen Wildblumen anstellen sollte. Er schlürfte seinen Kaffee, der ihm heute bitter schmeckte. Schließlich traf er eine Entscheidung. Er stand auf, zog seine Gummischuhe an und ging in den Garten. Mit einer langen Sense begann er, alles zu mähen, was er vor sich sah. Als er fertig war, füllte er einen Sack Dung in die Schubkarre. Und jedes Mal, wenn er den Dung über seine Blumen verteilte, die verstreut auf der Erde lagen, lief ihm eine Träne hinunter. »Es ist halb so schlimm«, dachte er bei sich. »Wildblumen wachsen ohnehin überall.«

Abends kam Richard vorbei und freute sich, weil er seinen Freund so fleißig arbeiten sah. Er warf aber keinen einzigen Blick auf das Stück Erde, auf dem die Wildblumen blühten.

»Gib mir die zwei Holzkisten mit dem Gemüse«, forderte er eilig. »Meine Frau wartet auf mich. Für die Eröffnung ihres neuen Delikatessenladens hat sie viele Gäste eingeladen und will ihnen vorführen, was ihr alles in der Küstenregion esst.« Mario wusch sich Hände und Gesicht. Kurz darauf brachte er die Holzkisten und schenkte seinem Freund eine Pfanne voll Seebarben, weil er sich durch Richards Worte geschmeichelt fühlte. Alles hatte einen guten Ausgang genommen.

Den ganzen Sommer lang arbeitete Mario bis spät auf seinen Feldern. Er bewässerte sie, lockerte die Erde und erntete Obst und Gemüse. Weil er keine Zeit mehr fand, aufs offene Meer hinauszuziehen, um Fische zu fangen, verkaufte er sein Boot. Das Geld, das er von seinem Freund bekam, reichte ihm ohnehin zum Leben. Richard kam immer zur gewohnten Zeit vorbei, zahlte, brachte gelegentlich seinen Dung und holte die Holzkisten ab, die am Ende des Sommers einen kleinen Transporter füllten.

»Es ist doch erstaunlich, wie eine gute Tat stets eine zweite nach sich zieht«, sagte Richard. »Natürlich ist mir bewusst, dass das Geld, das ich dir zahle, viel mehr wert ist als dein Gemüse, aber wahre Freundschaft rechnet nicht. Ich überlege mir sogar, ob du uns nicht nächstes Jahr mit meinem Wagen die Kisten auf den Berg lieferst. Was denkst du, kannst du es schaffen?«

»Sicherlich. Diese Idee ist mir auch mehrmals durch den Kopf gegangen, aber ich wagte es nicht, sie dir vorzutragen«, entgegnete Mario erfreut. Dann wünschten sich die beiden Freunde einen guten Winter und verabschiedeten sich.

Die Kälte brauchte nicht lang, um über das Meer zu ziehen. Es regnete ausgiebig, und die Erde erholte sich gut. Als der warme Wind wieder blies und die Jasminblüten zu blühen begannen, nahm der kleinwüchsige Mario Hacke und Beil, um die Erde aufzulockern. Er baute mehrere Gewächshäuser für die Keimlinge und bereitete sich auf den Sommer vor. Eines Tages, während er an einem Brett nagelte, hörte er die Stimme seines Freundes. Er ließ alles liegen, sprang von der Leiter herunter und rannte durch den Garten zur Straße. Es war Richard, der einen Anhänger mitgebracht hatte, beladen mit verschiedenen Werkzeugen und Maschinen, die Mario niemals gesehen hatte, sowie einigen Säcken Dung.

»Ich dachte, mein Freund, du brauchst all das für den Garten. Ich lasse es hier. Meinen Wagen kannst du ebenfalls behalten, so wie wir es ausgemacht hatten«, sagte Richard. Mario strahlte über das ganze Gesicht.

»Du weißt aber, diesen Sommer verkaufst du uns dein Gemüse zum halben Preis.«

»Zum halben Preis? Wie soll das gehen?«, fragte Mario.

»Du hast doch genug Rücklagen vom letzten Jahr. Unter uns gesagt, du brauchst auch nicht so viel, um über die Runden zu kommen. Dein Garten bietet dir alles, was du nötig hast. Und ab und zu kannst du ja auch wie in den alten Zeiten aufs offene Meer ziehen und Fische fangen.«

»Aber wie soll ich das alles bitte schaffen? Ich habe vier weitere Felder gekauft und bereits mit dem Anbau begonnen. Ich muss umgraben, bewässern, Rankgitter für die Kletterpflanzen stellen, all das kostet ... Außerdem habe ich kein Boot mehr!«

»Ach komm, ich möchte dich nicht so klagen hören. Ich hab dir bereitwillig alles gegeben, was du brauchst. Ist es nicht ein wenig unhöflich von dir, dich so zu benehmen?«

»Bitte, sag so etwas nicht. Ich möchte nicht, dass eine Bagatelle unsere Freundschaft verdirbt«, erwiderte Mario beschämt. »Keine Sorge. Ich arbeite in diesem Sommer zum halben Preis. Davon geht ja die Welt nicht unter.«

»Dann bis morgen, wir erwarten dich«, verabschiedete sich Richard fröhlich.

Am nächsten Tag stand Mario früh auf, der Fischer, der zum Bauer, zum Obsthändler und zum Lieferanten wurde. Er richtete die Holzkisten her, belud sie und machte sich auf den Weg zum Berg. Es war ein sehr heißer Sommertag. Noch ehe er den sechsten Kilometer zurückgelegt hatte, überkam ihn am Steuer eine große Schläfrigkeit. Er riss sich aber zusammen. Im Laden angekommen, lud er seine Ware im Lager ab und kehrte nach Hause zurück, um sich zu erholen, da er abends seine Pflanzen bewässern wollte.

»Ein schwerer Tag«, sagte Mario zu sich selbst, als er sich mittags fürs Bett bereit machte. »Hatte ich es als Fischer wohl leichter? – Ach, es war schon richtig, dass ich die Zusammenarbeit mit Richard angenommen habe, mit meinem besten Freund, der mir seinen Wagen, seine Maschinen und seinen Dung gab. Was wäre ich bloß ohne ihn?«

Abends kam Richard vorbei, doch wie es schien, hatten die Wehrufe der Zikaden seinen Freund nicht geweckt. Alles sah im Dämmerlicht so verlassen aus, dass Richard den Eindruck hatte, sein Freund hätte den Garten allein gelassen hatte und kümmerte sich nicht mehr um ihn.

»Ich bin mir nicht sicher, ob ich gut daran tat, mit ihm derartige Geschäfte einzugehen«, dachte er. »Mario ist nicht nur unzuverlässig, sondern obendrein ist er auch noch faul. Wenn sich mir eine ähnliche Perspektive eröffnete, hätte ich Tag und Nacht gearbeitet. Recht hatte mein Opa, als er sagte, dass Müßiggang aller Laster Anfang ist.« Dann rief er mehrmals lautstark, bis Mario schließlich erschien.

»Was ist denn los?«, fragte dieser benommen.

»Weißt du? Ich sehe sehr ungern, wenn meine Freunde träge und saumselig sind. Bitte, nimm mir es nicht übel, dass ich so unumwunden mit dir rede. Wäre ich nicht dein bester Freund, so hätte ich mich gar nicht getraut, dir so etwas zu sagen. Komplimente machen, um Wohlgefallen zu erregen, das kann jeder; doch der wahre Freund spricht immer die Wahrheit, auch wenn sie oft Missfallen erregt und schmerzt. Aber er tut das der Freundschaft zuliebe.«

»Verzeih, ich wollte dich nicht ärgern«, entschuldigte sich Mario, während er sich den Schlaf aus den Augen rieb und sich streckte. »Ich war aber so müde, dass ich mit Absicht noch ein bisschen liegen blieb, um den Vögeln zuzuhören. Weißt du, die Arbeit geht mir stets besser von der Hand, wenn ich vorher die Vögel habe singen hören.«

Richard lächelte selbstgefällig und klopfte ihm auf die Schulter. »Jetzt, wo du dich erholt hast, kannst du zu uns auf den Berg kommen, um ein Händchen anzulegen. Und bring auch deine Frau und deine Tochter mit.«

Der arme Mario war aufgewühlt, da seine Pflänzchen den ganzen Tag ungewässert bleiben würden, aber er konnte die Aufforderung seines Freundes auch nicht ablehnen.

»Würdest du es für unfreundlich halten, wenn ich sagte, ich hätte viel zu tun?«, fragte er ganz behutsam und leise.

»Allerdings«, antwortete Richard. »Ich glaube, es ist nicht zu viel verlangt, nicht wahr? Ich habe dir alles gegeben, was du brauchst. Aber wenn du nicht willst, werde ich selbstverständlich alles selber richten.«

»Was sagst du denn da?«, erschrak Mario, zog sich schnell um, nahm seine Familie und machte sich auf den Weg zum Berg. Dort angelangt, arbeiteten alle drei in den Lagerräumen des Delikatessenladens bis zum Sonnenuntergang. Ab und an warfen sie einen verstohlenen Blick auf das luxuriöse Haus von Richard und träumten, wie ein ähnliches Haus mit Meerblick wohl aussehen würde.

»Ihr habt heute einiges geschafft«, sagte Richard, als er am Ende des Tages vorbeikam, um nachzuschauen. »Es ist wahr: Nichts verschafft uns größere Befriedigung als die Arbeit, die wir für andere uneigennützig verrichten.«

»Es ist ein großer Vorzug, dich als Freund zu haben und dich so reden zu hören«, erwiderte Mario, setzte sich auf eine Bank und wischte sich den Schweiß von der Stirn.

»Ich werde es niemals schaffen, dass mir so schöne Gedanken kommen wie dir«, sagte Marios Frau.

»Ach, ich glaube es nicht«, antwortete Richard bescheiden. »Ihr müsst euch nur mehr Mühe geben. Ihr seid beim Verstehen von Freundschaft noch ganz am Anfang, bei der praktischen Ausübung. Eines Tages werdet ihr auch ihre Theorie begreifen, da bin ich mir sicher. Ich will euch aber nicht länger hier aufhalten. Ihr habt sicherlich noch andere Sachen zu erledigen.«

Als sie mit dem Dreirad bergab fuhren, wiederholte Mario ständig, welch ein großes Glück er hatte, einen so liebenswerten Freund kennengelernt zu haben. Er fühlte sich zwar ein wenig betrübt, als er an seine vier Gärten dachte, fand aber dafür eine Lösung. Wenn sie zu Hause ankämen, würde er den Gartenschlauch anschließen und das Wasser die ganze Nacht laufen lassen. So hätte er wenigstens die Pflanzen im Garten vor seinem Haus bewässert. Und wenn er morgen früh aufstünde, würde er in den drei anderen Gärten arbeiten. Als sie zu Hause ankamen, war er jedoch so müde, dass er gleich schlafen ging.

Am nächsten Tag kam Richard wieder früh morgens vorbei und am übernächsten geschah dasselbe, so dass Mario keine Zeit blieb, um seine Gärten zu bewässern. Er verlud nur noch seine jüngste Ernte mit Obst und Gemüse und fuhr mit der ganzen Familie den Berg hoch, um seinem Freund zu helfen. Sie arbeiteten dort bis spät am Abend. Manchmal in den Lagerräumen, zuweilen im Transport oder bei der Aussortierung der Waren. Und am Ende eines jeden Tages kam Richard vorbei und erzählte ihnen wundersame Dinge über die Freundschaft. Mario war so beeindruckt von den Worten seines Freundes, dass er sie wortwörtlich in ein Notizbuch eintrug. Nachts, bevor er schlafen ging, versuchte er immer wieder, die großen Lehren über Freundschaft durchzulesen. Aber vor Müdigkeit schaffte er es nie und fiel stets in Schlaf.

Und so vergingen die Tage; die Familie arbeitete auf dem Berg, die Pflanzen auf dem eigenen Acker vertrockneten, bis eines Abends ein Wunder geschah. Es war so, als hätte Gott Marios Fürbitten um mehr Regenwasser erhört. Die Wolken verdichteten sich und der Horizont wurde finster. Der Wind nahm an Stärke zu und ein starkes Gewitter zuckte über den Himmel. Alles schien unter Kontrolle zu sein, bis ein verirrter Blitz den Laden von Richard traf. Es wurde stockdunkel. Die Kunden schrien und die Generatoren sprangen nicht an. Es herrschte ein großer Aufruhr. Mitten in der Dunkelheit erkannte Mario eine Gestalt, die sich näherte. Es war sein Freund, der ihn flehentlich um Hilfe bat.

»Ich bin in großer Bedrängnis. Mein kleiner Junge fiel von einer Leiter und hat sich am Kopf verletzt. Ich muss den Chirurgen holen, der am Meer wohnt. Im Laden herrscht aber so ein Chaos. Da dachte ich, es wäre doch viel besser, wenn du statt meiner ins Tal gingest«, sagte er mit erregter Stimme. Mario konnte seinen Freund in einer solchen Bedrängnis nicht allein lassen. Auch ein Herz aus Stein würde erweichen.

»Mach dir keine Sorgen, ich werde gehen«, versprach Mario und nahm das Dreirad, da sein Freund inmitten dieser Flut seine teuren Limousinen nicht auf die Straßen bringen wollte.

Mehr und mehr verwandelten flutartige Regengüsse die Wege in morastige Bäche, die anschwollen und alles mitrissen: Felsen, Äste, ganze Bäume. Der Sturm wütete derart, dass das Dreirad steuerlos umher schaukelte, bis es Stunden später am selben Abend von drei Feuerwehrleuten in einem Feld gefunden wurde und in ihm ein Leichnam.

Viele aus der Gegend kamen zu seinem Begräbnis. Mario war sehr geschätzt für seinen Fleiß und als Mensch sehr beliebt. Die Trauerprozession führte Richard an, dessen Gesicht sich mehr und mehr verkrampfte. Seine Augen waren angeschwollen und rot, als hätte er die ganze Nacht hindurch geweint.

»Der Verlust von einem so guten Menschen ist sehr groß«, sagte ein Schmied aus Marios Nachbarschaft am Ende der Begräbnisfeier, als alle sich zu heißen Getränken und Kuchen gemütlich in ein Café zurückgezogen hatten.

»Mal sehen, wie es mir ergehen wird«, sinnierte Richard. »Ich war ja letztendlich sein bester Freund. In ihn hatte ich schon einige Hoffnungen gesetzt. Ich lieh ihm meine Maschinen und meinen Wagen und gab ihm meinen Dung und mein Geld. Seine Frau versprach mir, alles wiedergutzumachen und uns für die nächsten zwanzig Jahre zu Niedrigpreisen Gemüse und Obst zu liefern. Aber trotzdem ist der Verlust enorm. Es mag sich zwar hart anhören, aber aus dieser Angelegenheit habe ich gelernt, dass man sehr vorsichtig sein muss. Die Uneigennützigkeit kann zum Ruin führen«, sagte er und schaute dabei Marios Frau an, deren Gesicht sich ganz kurz aufhellte, als ein Kind ihr ins Ohr flüsterte: »Zum Glück können sie uns nicht auch noch die Sonne nehmen.«

DER STATTHALTER UND DAS MÄDCHEN

Petra Ewering

Nicht unerwartet klopfte der Tod eines Tages an meine Tür. Da ich aber mit dem Leben noch nicht abgeschlossen hatte, schickte ich ihn wieder fort. Er ging ohne zu zögern, jedoch wusste ich, dass er mich nur noch wenige Augenblicke verschonen würde. Bevor ich meine Augen für immer schließe, erscheint es mir wichtig, diese Geschichte zu erzählen.

Mein Name ist Alexei Iwanowitsch Grigorjew. Einst wurde ich unter dem mächtigen Herrscher des Reiches, Zar Juri Michail Jurjewitsch, zum Statthalter einer ruhmreichen Stadt Namens Mariinsk in der Weite Sibiriens ernannt.

In meiner Jugend war ich ehrgeizig und machthungrig. Jeden Tag bei Sonnenaufgang trieb ich die Soldaten hinaus, denn es gehörte zu meinen Pflichten, die Steuern eintreiben zu lassen.

Im Besitz eines prächtigen Hauses lebte ich ausschweifend, und die Speisekammern waren stets bis zur Decke gefüllt mit den erlesensten Köstlichkeiten aller Art.

Während dieser Zeit ließ ich prächtige Kirchen und prunkvolle Gebäude entstehen. Stets achtete ich darauf, die Schatzkammern gefüllt zu halten und die Bevölkerung daran zu erinnern, die Steuern pünktlich zu bezahlen. Wer es wagte, sich den Steuereintreibern zu widersetzen, oder nicht zahlen konnte, wurde mit dem Kerker bestraft. Das Flehen und Betteln so manch armer Bauern konnte mein Herz nicht erweichen. Auch das Leid der Frauen, Kinder und Alten ging gefühllos an mir vorüber. Hochmütig stellte ich mich über die alltäglichen Geschehnisse, ohne zu bemerken, welche Opfer ich forderte. So führte ich meine Stadt in den Untergang.

Stand das Land anfangs in Blüte, so brachen langsam andere Zeiten heran. Jedes Jahr kehrten die Soldaten mit weniger Einnahmen zurück.

Immer öfter waren die Truhen leer. Und so leer wie diese Truhen waren die Kisten und Stände auf den Märkten der Stadt. Immer weniger Kaufleute und Bauern kamen nach Mariinsk. Die Menschen vom Lande, die noch nicht in Kerkern verfaulten, flohen mit ihrem letzten Hab und Gut aus der Region, um in der Ferne ein neues Leben zu beginnen. Dennoch achtete ich darauf, dass meine Schatzkammern mit Goldstücken, Silberlingen, Geschmeiden und kostbaren Stoffen gefüllt blieben. Dieser Reichtum machte mich stolz und verlieh mir hohes Ansehen beim Zaren und dem Stadtadel. Doch in der Speisekammer sah es anders aus. Kaum Nahrung bot sie mehr. Selbst den Soldaten wurde die tägliche Ration gekürzt. Als Ausgleich gab ich ihnen in meiner grenzenlosen Einfalt mehr Lohn. Doch es änderte nichts daran, dass sie keinen Hunger mehr leiden wollten. Aus meinen gehorsamen Soldaten wurden Meuterer. Viele von ihnen ließen mich im Stich. Sie zogen ihre Uniformen aus und verließen die Stadt. Die noch verbliebenen Männer entließ ich nach und nach, da ich sie nicht mehr ernähren konnte. Ein kleiner Trupp Soldaten eilte eines Tages fluchtartig aus Mariinsk, nachdem ich sie in die umliegenden Dörfer abkommandiert hatte, um Nahrung zu besorgen. Als ich die letzten Soldaten, die mir blieben, in die umliegenden Städte schicken wollte, um Nahrungsmittel einzukaufen, kehrte niemand mehr zurück.

Eines Tages befahl ich meinem einzigen Diener, dem letzten, der noch geblieben war, mein Pferd für einen Ausritt vorzubereiten. Ich wollte nun selbst über Land reiten und Ausschau halten, um mich der Lage meiner Stadt und der Umgebung zu vergewissern.

Doch kaum eine Menschenseele begegnete mir. Nur ödes, verwildertes Land, unbestellte Felder, verwüstete Häuser und Brunnen und ein paar Ziegen, die das vertrocknete Gras fraßen. Eine absonderliche Stille umgab mich. Kein Laut war zu hören. Nicht einmal der Wind sang sein klagevolles Lied. Es schauderte mich, das Land so zu sehen.

Auf dem Rückweg erblickte ich einen Bettler, der am Wegrand kauerte. Flugs machte er sich davon, als ich in seine Reichweite kam.

»Im Namen des Zaren«, rief ich, »bleib stehen und berichte mir, wo all die Menschen geblieben sind.«

Ängstlich drehte er sich um und hinkte langsam heran: »Herr, ich vermag nur zu sagen, dass sie vor euch geflohen sind. Denn ihr habt ihnen alles genommen bis auf das blanke Leben. Sie suchen ihr Glück bei einem besseren Herrscher.«

»Du wagst es, so mit mir zu reden«, schrie ich den Alten an. »Für diese Untat sollte ich dich in den Kerker werfen lassen. Doch ich bin bereit, mit dir über deine Freiheit zu verhandeln. Was hast du mir anzubieten?«

Der alte Bettler verneigte sich und antwortete gelassen: »Oh mein Herr, außer meinem Leben nichts weiter als eine leidende Frau und eine Tochter. Kein Gold, kein Geschmeide, keine kostbaren Gewänder und auch keine wertvollen Teppiche mehr, all dieses habt ihr mir schon längst genommen. Einst besaß ich ein gut besuchtes Teppichhaus, lange ist das her«, fügte der Bettler mit einem tiefen Seufzer hinzu.

»Wie willst du dann für deine Freiheit bezahlen?«, fragte ich erbost.

»Ich bezahle mit meinem Leben«, entgegnete der Mann, »es ist nicht wertvoll, aber alles, was ich noch besitze.«

»So gib mir deine Tochter«, forderte ich, »dann schenke ich dir das Leben.«

»Was wollt ihr mit meinem Kind, es ist unschuldig und noch so jung an Jahren«, jammerte der verarmte Mann.

»Was willst du mit einem Kind, das du nicht ernähren kannst«, hielt ich energisch dagegen.

»Wenn dies Gottes Wille ist«, seufzte der Bettler, »aber bitte seid gut zu ihr, sie ist ein liebes Mädchen, gehorsam und immer freundlich.« Dann holte er seine Tochter und überließ mir Marusja mit hängendem Kopf, damit ich seine Tränen nicht sehen konnte. Auf meinen Befehl hin zog sich der vor Gram gebeugte Mann unter Verneigungen zurück.

Das Mädchen schaute mich mit ihren großen, dunklen Augen traurig an, aber sie weigerte sich nicht, mit mir zu gehen. Sie trug ein altes verschlissenes Kleid, der Stoff schien aus edlem Tuch, doch die einst tief rote Farbe leuchtete nicht mehr. Das Kleid war verblasst, ergraut und mit Schmutz überdeckt. Ihr langes, dunkles Haar wirkte wie ein Schleier, der das zarte, blasse Gesicht umgab. Die kleinen Hände zitterten, als ich ihr meine große Hand reichte, um ihr beim Aufsitzen auf das Pferd behilflich zu sein. Ohne ein Wort an sie zu richten, ritt ich zurück zu meinem Palast. Hier angekommen überließ ich das Mädchen meinem Diener. Lange beachtete ich das Kind nur beiläufig. Sie war gelehrig und intelligent, und nach ein paar Monaten machte ich mich zu ihrem Lehrer. Mathematik, Geographie, aber auch die Sprachen ferner Länder weckten ihr Interesse. In meiner Bibliothek befanden sich Bücher für einen gehobenen Bildungsstand. Marusja bereicherte sich mit Wissen, und das einst so schmutzige, kleine Mädchen verwandelte sich in eine schöne, gebildete Frau.

Marusja war gehorsam, so wie ihr Vater es versprochen hatte, stets freundlich und hilfsbereit. Sie achtete mich, und ich erfreute mich an der schönen Blume, die ich unversehens am Wegrand gefunden hatte. Obwohl ich ihr die Eltern genommen hatte, war sie nie vorwurfsvoll, niemals zeigte sie mir Traurigkeit oder Sehnsucht nach der Freiheit. Manchmal strich sie mir zärtlich über den Handrücken oder berührte sanft mein Gesicht. Dabei lächelte sie zuckersüß, und in mir machten sich Gefühle bemerkbar, die ich nie zuvor verspürt hatte. Meine sonst so schroffe Art wich. Ich sprach leise, höflich und rücksichtsvoll mit ihr. Der Liebreiz dieser jungen Frau war mir unter die Haut gefahren. Und immer, wenn ihre sanfte Hand mich unabsichtlich streifte, strömte eine Woge der Hitze durch meinen Körper. Ich begehrte sie immer mehr, so dass ich ihr eines Tages meine Liebe gestand. Wie es ihre Art war, nahm sie es demütig zur Kenntnis, entgegnete aber nichts.

Unterdessen verfiel die Stadt immer mehr. Mit sorgenvollem Gesicht trat ich zu meiner Angebeteten. »Manjetschka, meine Schöne, was kann ich tun, damit diese Stadt zu neuem Leben erblüht?«

Ich erwartete keine Antwort, denn untergeben, wie sie war, sprach sie nur selten in meiner Gegenwart. Doch dieses Mal blickte sie auf und wagte, vor mich hin zu treten: »Mein Herr, behandelt sie wie eine Blume. Doch erfreut euch nicht nur an der Blüte und berauscht euch an ihrem Duft, sondern beachtet auch den Stiel, die Blätter und die Wurzel. Der Stiel gibt ihr Standfestigkeit, die Blätter gewähren Schutz, vor allem aber nährt die feine Wurzel den Ursprung ihres Daseins und ihrer Schönheit.«

Überrascht von dieser Antwort blickte ich sie an, wagte es aber nicht, sie zu tadeln. Marusja verneigte sich und bat um Entschuldigung für ihre vermessene Äußerung. Ich jedoch erlaubte ihr keine Rechtfertigung. Ihre Bemerkung hatte mich getroffen. Es war mir, als begann ich etwas zu verstehen. Langsam trat ich auf Marusja zu, kniete vor ihr nieder und bat sie, meine Frau zu werden. Ihre Antwort ließ mich schweigen: »Erst wenn der Fluss wieder Fische mit sich führt, wenn der Duft von frischem Brot über den Markt zieht und wenn Ihr, mein Herr, bemerkt, dass man Gold nicht essen kann. Erst dann werde ich Eure Frau.« Abermals verneigte sie sich und verschwand, ohne um Erlaubnis zu bitten.

In meinem Kopf brodelte es, an meinem Herzen nagten Kummer und Hilflosigkeit. Mein Gewissen plagte mich. So eilte ich in die Kirche zum Abendgebet. Doch auch das Gebetshaus war wie alle Gebäude in der Stadt verlassen und leer. Ich warf mich auf den Boden, betete reumütig zu Gott und bat ihn um Rat und Hilfe.

Der Priester hörte meine Worte und sprach leise: »Was kann Gott dir raten? Er sieht wie du den Verfall, die Ruinen und die Armut. Was weiß er, was du nicht auch weißt? Ohne Saat gibt es keine Ernte, ohne Gold gibt es keine Saat, ohne Hände gibt es kein Wachstum, ohne Bäcker gibt es kein Brot, ohne Brot regieren Leid, Armut und Tod.«

Der Priester verließ die Kirche und ließ mich mit meinen Gedanken allein. Welch törichte Handlungen hatte ich vollbracht, wie dumm und geblendet regierte ich. Wie hochmütig und eigennützig war ich gewesen. Dies sollte von nun an ein Ende haben. Meine Schatzkammer war gefüllt mit dem Gut, das ich den Menschen gestohlen hatte. Ich verkündete, dass es gerecht unter der Bevölkerung verteilt werde. Die Männer im Kerker erhielten ihre Freiheit. Die verbliebenen Soldaten meiner Garde halfen beim Wiederaufbau der Häuser und Brunnen. Es dauerte nicht lange, und die Flüchtenden kehrten zurück in ihre Heimat. Die Felder keimten, Korn, Obst und Gemüse wuchsen prächtig, der Markt lebte. Kaufleute und Bauern boten die Vielfalt ihrer Waren feil. Der Duft von frischen Backwaren erfüllte die Luft. Die Fischer flickten ihre Netze, und im Fluss tummelten sich Myriaden von Fischen. Ich senkte die Steuer, denn für ihre harte Arbeit und all ihre Bemühungen sollten die Menschen gerecht entlohnt werden. Marusja, die schönste Blume der Stadt, hatte mir meine Augen geöffnet.

So kniete ich noch einmal vor meiner Liebe nieder und bat inständig um ihre Hand. Manjetschka lächelte bescheiden: »So Gott will, werde ich Eure Frau.«

Als die Liebe mein Herz eroberte, wandelte sich mein Leben und das Glück hielt Einzug. Mariinsk, die Stadt die ich so geknechtet hatte, erblühte in neuem Glanz, in Frieden und in Freiheit.

Nun tragt sie hinaus, meine Geschichte, in alle Länder dieser Erde, damit ein jeder begreift: Das höchste Gut der Menschen soll stets allgegenwärtig sein.

DER M'BA-UCH

Wilfried von Manstein

Ein König lebte mit vier Frauen und vier Söhnen in einem herrlichen Palast, in dem es an nichts mangelte. Zehntausend Diener sorgten für das leibliche und seelische Wohl der Herrscherfamilie, und was auch immer diese sich wünschte – es ward augenblicklich von den Lippen gelesen und erfüllt oder gebracht.

Nun wollte der König, dass die jungen Prinzen etwas vom wahren Leben draußen in der Welt kennenlernen sollten.

Er schickte sie also hinaus ins Land, den ersten Sohn nach Westen, den zweiten nach Norden, den dritten nach Osten und den vierten nach Süden.

»Was soll ich im Westen tun?«, fragte der erste Sohn.

»Ja, was sollen wir tun?«, fragten die anderen Söhne.

»Ihr müsst finden und verstehen, was es hier im Palast nicht gibt.«

»Was soll das sein?«, fragten sie wie mit einer Stimme.

»Erkläre du es ihnen«, wandte sich der König an seinen Wesir – er wollte sich nicht anmerken lassen, dass er selbst sich auch nicht so recht auskannte mit dieser Sache.

»Ihr müsst den M'Ba-Uch suchen und verstehen«, war die Antwort des Wesirs.

»Und was ist der M'Ba-Uch?«, kam es wie aus einem Munde.

»Wenn ich euch das erklären könnte, müsste euer Vater euch ja nicht auf die Reise schicken. Nein, ich kann euch die Erfahrungen, die zur Erforschung des M'Ba-Uch gehören, nicht ersparen.«

So verließen sie den Palast des Vaters und machten sich auf den Weg. Ein jeder in seine Richtung.

144

Nach langem Wandern erreichte der erste Sohn eine Stadt im Westen und suchte eine Herberge auf. In der Gaststube kam er ins Gespräch mit einem lustigen jungen Mann, der ihn nach einiger Zeit fragte, was er denn in der Welt vorhabe.

»Ich suche den M'Ba-Uch«, sagte der junge Prinz.

»Den M'Ba-Uch?«, fragte der junge Mann. »Den brauchst du doch nicht zu suchen! Der M'Ba-Uch ist überall. Wir leben vom M'Ba-Uch, wir werden regiert vom M'Ba-Uch. Der M'Ba-Uch ist unser Antrieb, unsere Freude, unser Verlangen und unsere Erfüllung. Der M'Ba-Uch ist die Kraft, die unsere Welt zusammenhält!« Er zeigte auf sich. Und da ihn ein hübsches Bäuchlein zierte, dachte der junge Prinz, der M'Ba-Uch hätte etwas mit dem Bauch zu tun – was durch die Ähnlichkeit der Wörter ja auch einleuchtend schien. »Aber wieso suchst du eigentlich nach dem M'Ba-Uch? Hast du denn keinen? Da wirst du hier aber Schwierigkeiten bekommen.« Und er schaute bedeutungsvoll auf das Essen und Trinken, das vor dem Prinzen auf dem Tische stand. Der Wirt, der gerade vorbeiging, rief: »In meiner Gaststube kriegt der Sohn des Königs keine Schwierigkeiten, sondern – wenn er es mir erlaubt – das Gegenteil davon: M'Ba-Uch!« Und die übrigen Gäste erhoben ihre Gläser und riefen: »Es lebe der Sohn des Königs! Es lebe der König! Es lebe der M'Ba-Uch!«

Der zweite Sohn lief nach Norden und gelangte an keinen bewohnten Ort. Als es schon dunkel zu werden begann, erblickte er eine graue, halb zerfallene Hütte am Wegesrand und ging hinein. Wie erschrak er, als die knarrende Tür hinter ihm gegen den Balken schlug! Kaum hatte er sich auf einem Haufen halbwegs trockenen Strohs niedergelassen, hörte er schlurfende Schritte und Gemurmel. Ein faltiges Weib erschien, und der Prinz wunderte sich, dass es nicht erschrak, sondern ihn mit zahnlosem Mund ansprach: »Was tut Ihr hier? Was ist Euer Woher und Wohin?«

»Ich suche den M'Ba-Uch«, antwortete der junge Prinz.

Die Alte drehte sich erschrocken um, sicherte nach allen Seiten und flüsterte dann: »Leise, die Wände hier haben Ohren. Es ist gefährlich, über den M'Ba-Uch zu sprechen. Eh' du dich versiehst, hast du eine Kugel oder ein Messer im Bauch!«

»Aber hier ist doch gar niemand außer uns beiden, oder?«

»Man kann nie wissen. Vorsicht ist die Mutter der Weisheit«, murmelte die Alte.

»Heißt der M'Ba-Uch deshalb so – weil man schnell etwas Schlimmes im Bauch stecken hat?«, fragte der junge Mann.

»Nein, mein Junge. Der M'Ba-Uch ist sehr, sehr alt und niemand weiß, warum er so heißt, aber die alten Leute sagen, das Wort geht zurück auf *M'ba-ba*, das bedeutet nichts anders als *Pfui*, und *Uch'ä*, das heißt erst recht *Pfui*. Aber eigentlich ist M'Ba-Uch nur eines von vielen Wörtern für die gleiche Sache. Tatsache ist, dass es fast nichts gibt, für das es so viele Wörter gibt.«

»Warum ist das so?«, erkundigte sich der Prinz.

Die Alte hantierte klappernd mit einem verbeulten Topf und antwortete: »Je weniger es von einer Sache gibt, umso mehr Wörter werden dafür erfunden«, und sie lachte laut. »Das ist genau wie beim Schackerln; die Männer prahlen, wie oft und mit wem sie es getan haben, aber in Wirklichkeit kommen sie nie dazu, es zu tun. Sind stattdessen hinter dem M'Ba-Uch her. Hast du es schon getan?«

Der junge Prinz wurde rot, denn er wusste nicht, was die Alte nun genau meinte, den M'Ba-Uch oder das andere. Aber er fasste sich ein Herz und fragte: »Kannst du mir deinen M'Ba-Uch zeigen?«

Die Frau setzte den Topf mit einem Krachen auf den geschwärzten Stein und rief: »Wo denkst du hin? Glaubst du, ich zeige jedem dahergelaufenen Köter meinen M'Ba-Uch? Und glaubst du, ich trage ihn bei mir? Nein, ich habe ihn gut versteckt. Wer ihn zeigt, ist ihn schnell los, und wer sich zu viel damit beschäftigt, wird in der Hölle schmoren – sagen die Pfaffen! Ich persönlich glaube das natürlich nicht!« Sie lachte meckernd in sich hinein. Aber dann lief sie schnell zur Tür hinaus. »Macht mich ganz nervös, das junge Kerlchen; muss dringend nach meinem M'Ba-Uch schauen«, hörte der Prinz noch und war wieder allein.

Sein Bruder stand indessen im Osten vor dem Tor eines wundervollen Parks. In der Ferne erhob sich ein Palast, schöner als alles, was er je in seinem jungen Leben gesehen hatte. Davor standen prächtig gekleidete Wachen, die ihm freundlich zunickten, jedoch keine Anstalten machten, ihn einzulassen. Da erblickte er durch die Gitterstäbe des geschmiedeten Tores ein wunderschönes, junges Mädchen, das auf einem glänzenden, weißen Pferd mit schwarzen Fesseln saß, und er verliebte sich augenblicklich. Die Schöne kam näher zum Tor und befahl den Wächtern zu öffnen.

Wie gebannt schaute der junge Prinz zu ihr hinauf.

»Wer bist du und was tust du hier?«, fragte sie.

»Ich bin der Prinz, der nach Osten geschickt wurde, um den M'Ba-Uch zu finden.«

Die Wächter drehten sich zueinander und hielten sich den Bauch vor Lachen. Und auch die schöne Prinzessin – denn um eine solche handelte es sich – ließ ein glockenhelles Lachen ertönen.

»Den M'Ba-Uch suchst du? Da bist du hier genau richtig!« Sie nahm eine bestickte Tasche von der Schulter und öffnete sie. Heraus flog ein ganzer Schwarm von etwas, das wie bunte Schmetterlinge anmutete, die sich hoch in die Lüfte erhoben und in allen Farben schimmerten.

»Siehst du? Das war der M'Ba-Uch! Ach was, viele M'Ba-Uchs. Sie fliegen in die Welt hinaus und tun Gutes und vermehren sich und befruchten das Land. Viele blühende Landschaften werden daraus entstehen.«

Der Vierte, jener, der nach Süden wanderte, wurde von einer Räuberbande überfallen, splitternackt ausgezogen und von Kopf bis Fuß durchsucht.

»Her mit dem M'Ba-Uch«, rief der Räuberhauptmann.

»Er hat keinen M'Ba-Uch, ich habe überall geguckt«, sagte ein Räuber, der so dünn wie ein Bindfaden war.

Der Hauptmann schrie: »Was heißt das, er hat keinen M'Ba-Uch? So wie der aussieht und wie er gekleidet ist, müsste er überfließen von M'Ba-Uch! Hast du ihm in den Hintern geleuchtet?«

»In den Hintern, in die Ohren, in den Mund und in den Bauchnabel; da ist nichts als schwarze Leere.«

»Verflucht noch eins. Wo willst du hin, ohne auch nur ein bisschen M'Ba-Uch?«, fragte der Räuberhauptmann.

Der Prinz antwortete: »Das ist es ja gerade – mein Vater, der König, hat mich nach Süden geschickt, damit ich den M'Ba-Uch finde.«

Da fingen die Räuber an zu zittern und zu klagen, hängten dem armen Prinzen seine Kleider notdürftig über den Körper und flehten: »Verratet uns nicht, wir sind nur arme Räuber und haben es nicht böse gemeint. Wir tun alles für Euch, wenn Ihr uns nur am Leben lasst.«

Sie knieten vor ihm nieder, wälzten sich im Staub der Straße und machten Purzelbäume rückwärts, um sich unauffällig zu entfernen.

»Halt!«, rief der Prinz, »ihr müsst mir sagen, was der M'Ba-Uch ist. Ich muss es wissen!« Und er wollte hinter ihnen her rennen, wobei er aber seine Kleider wieder zu verlieren drohte. Also blieb er stehen.

Während sie weiter purzelten, riefen die Räuber: »Mach dir nicht die Finger am M'Ba-Uch schmutzig. Der M'Ba-Uch ist des Teufels, das Böseste des Bösen! Du hast ja gemerkt, was wir dir um seinetwillen angetan haben. Beinahe hätten wir dich getötet.« Und damit verschwanden sie in Gebüsch und hinter Bäumen.

Als sie wieder zu Hause waren, stritten die vier Prinzen im Palast ihres Vaters über ihre Erfahrungen und gingen aufeinander los, denn sie konnten keine Einigung darüber erzielen, was der M'Ba-Uch sei und wie man ihn zu behandeln habe.

Der Wesir kam gerade noch rechtzeitig hinzu, bevor sie sich gegenseitig umbrachten.

»Wer von uns hat den wahren M'Ba-Uch gefunden? Entscheide du!«, riefen sie.

Der Wesir hieß sie im Garten niederknien, jeden der vier im Angesicht einer Rosenknospe. Es wurde heller Tag und die Rosenblüten öffneten sich.

Es wurde Abend und die Sonne versank hinter dem Horizont.

Es wurde dunkel.

Als der Vollmond leuchtend hinter den Türmen des Palastes aufstieg, wussten sie die Antwort. Doch erst am nächsten Morgen gingen sie lachend und weinend auseinander, als Geschwister für immer vereint.

DIE RAUMFAHRER

Georg Potyka

Damals, als noch kein Mensch den Mond betreten hatte, lebte irgendwo ein alter Professor. Dieser hatte immer schon einmal auf den
Mond reisen wollen, um ihn sich aus der Nähe anzuschauen. Eines Tages
las er in der Zeitung, dass die Amerikaner sich anschickten, eine bemannte
Rakete auf den Mond schießen zu wollen. Da sah er, dass er sich beeilen
musste, wenn er nicht wollte, dass jemand ihm den Mond wegschnappte.

»Mir gehört der Mond!«, sagte er und begann mit dem Bau seiner
Mondrakete. Als Professor verstand er viel von Raumfahrttechnik, und bald
stand sein Flugapparat silbrig und großmächtig im Hof seines Hauses.

Eines schönen Sonntags war das Haus verlassen, alle Bewohner waren
aufs Land gefahren. Das war der große Augenblick. Der Professor brachte
einen großen Korb Äpfel, eine Kiste Käsebrote und eine Kiste Zigarren in
die Kajüte seiner Rakete, verschloss die Tür, schnallte sich in seinem Lehn-
sessel fest, den er dort als Führersitz angeschraubt hatte, und zog den
Starthebel. Donnernd stieg die Rakete auf und hatte schon bald die Erdat-
mosphäre verlassen.

Der Professor sah jetzt nichts mehr als den schwarzen Himmel, die
Sonne, die Sterne – viel mehr als man von diesen auf der Erde sehen kann –
und natürlich den Mond, der vor ihm immer größer wurde. Als der Erdtra-
bant schon sein ganzes Gesichtsfeld einnahm, wendete der Professor seine
Rakete und zündete das Triebwerk gegen die Flugrichtung, sodass die Rakete immer langsamer flog. Kurz darauf setzte sie auf dem Mondboden auf.
Dort holte der Professor seinen Fauteuil aus der Kajüte, stellte ihn in die
Mitte eines kleinen Mondkraters, postierte den Apfelkorb daneben, legte
die Äpfel im Kreis um den Fauteuil herum und setzte sich nieder. Dann
betrachtete er lange den Himmel mit seinen Sternen, die seit jeher seine

besten Freunde gewesen waren – ja, er kam sich vor, als wäre er einer von ihnen. Von Zeit zu Zeit rauchte er eine Zigarre und sah dem Rauch nach, wie er ins Weltall aufstieg.

Plötzlich erschrak er: Ganz nahe bei ihm krachte es gewaltig. Und gleich darauf krachte es noch einmal. Er nahm seinen Mut zusammen und kletterte aus seinem Krater. Da sah er, dass die Mondlandschaft von Trümmern übersät war. Er erkannte die Reste von zwei Raketen, die hier aufgeschlagen waren. Das hatte er befürchtet: Zwei mächtige Staaten stritten um den Mond.

»Mir gehört der Mond! Ich war zuerst hier! Wer gibt euch das Recht, mir euer Gerümpel vor die Nase zu schießen? Ihr wisst sowieso nicht, was ihr hier oben wollt! Sucht euch einen anderen Himmelskörper für eure Schießübungen!« So dachte der Professor.

Mit Erstaunen sah er ein glitzerndes Ding auf sich zufliegen.

In einem amerikanischen Laboratorium hatte ein Gelehrter eine Maus in eine Kapsel gesteckt und versuchshalber mit einer Rakete in die Höhe geschossen. Am nächsten Tag berichteten auf der ganzen Welt die Zeitungen vom Höhenflug der Maus. Und als ein Tierschutzverein gegen diese Behandlung einer Maus protestierte, veröffentlichte der Gelehrte eine Erklärung, in der es hieß, der Maus gehe es gut, sie schwimme in einer Kapsel auf dem Ozean, sei mit Futter für vier Tage versorgt und liege in einer Hängematte.

Das stimmte: Die Maus schwamm in ihrer Kapsel auf dem Ozean, aß Speck aus einer Dose, lag in einer Hängematte und las einen Roman von Hemingway. Nach vier Tagen hatte sie den Speck aufgegessen und den Roman ausgelesen. Da begann sie, ihre Kapsel genau zu untersuchen. Dabei entdeckte sie, dass diese mit einem Hilfsmotor versehen war. Die Maus brauchte nur an einigen Hebeln zu ziehen, da erhob sich die Kapsel aus dem Wasser und stieg höher und höher, gerade auf den Mond zu.

Der Professor wunderte sich. Das Ding kam immer näher und schlug schließlich mit einem Hopser vor ihm auf. Er staunte gewaltig, als eine Maus aus der Kapsel kletterte. Sie schaute sich zuerst etwas um, bemerkte dann den Professor, ging auf ihn zu und begrüßte ihn. Der Professor begrüßte sie etwas steif und abwartend, bot ihr aber doch ein Käsebrot an. Danach erzählten sie einander, wie sie hier hergekommen waren.

Als sie ihre Geschichten erzählt hatten, fragte der Professor: »Was sollen wir jetzt machen? Schau dir dieses Trümmerfeld an. Was geschieht, wenn uns eine dieser zusammengestümperten Raketen auf den Kopf fällt?«

Er drehte nachdenklich einige Runden in seinem Mondkrater, dann hob er seinen Kopf und sagte: »Wir fliegen weiter, und zwar zum Mars! Dort sind wir noch unbelästigt. Lassen wir den Mond denen auf der Erde und suchen wir uns etwas Besseres!«

»Ausgezeichnet!«, erwiderte die Maus. Gemeinsam räumten sie ihre Habseligkeiten in die Rakete und flogen zum Mars. Die Reise dauerte lang, aber wer die ganze Zeit nach neuen Sternen ausschaut und auch immer wieder welche entdeckt, dem erscheint sie kurz. Irgendwann – Tage und Nächte konnten sie nicht zählen, die gibt es im Weltraum nicht – konnten sie die Rakete auf dem Mars landen. Und da staunten sie erst! Worüber, das hat der Professor auf einen Notizblock gekritzelt, nachdem er einen Tag lang den Mars und seine Bewohner erforscht hatte.

Die Marsmenschen sind ein wüstes Volk von rauen Sitten. Äußerlich unterscheiden sie sich von uns dadurch, dass sie nur aus einem Kopf und zwei unterhalb anhaftenden Gliedmaßen bestehen, die ihnen als Geh- und Greifwerkzeuge dienen. Will also ein Marsmensch einen Gegenstand von einem Ort nach einem anderen bringen, so muss er ihn in der einen Fußhand halten und sich auf der anderen hüpfend fortbewegen. Ihr Wuchs ist klein, sie reichen einem erwachsenen Menschen kaum bis ans Knie. Trotzdem sind ihnen große Kräfte eigentümlich.

Einfach wie ihr Körperbau sind ihre Lebensgewohnheiten. Untertags leben sie unter freiem Himmel. Als Schlafstätten dienen ihnen Löcher von angemessener Größe in einer Felswand, in die sie sich abends mit dem Kopf zuvörderst hinein schnellen, um die Nacht über bolzenartig darin zu stecken.

Vor einigen Jahrzehnten war unter ihnen der Missbrauch aufgekommen, mit Untertassen zu werfen. Und dies, anfangs von den Besonneneren unter ihnen als grobe Unsitte zu Recht getadelt, wurde ihnen gar bald zum Wettkampf und zum Mittel der leiblichen Ertüchtigung. Sie betrieben es mit solcher Kraft und Fertigkeit, dass es ihnen gelang, die Untertassen aus dem

geringen Anziehungsbereich ihres Planeten in den Weltraum hinaus zu schleudern, so wie auch wir sie als fliegende Untertassen allenthalben gesehen haben. Dabei drehten sie sich um die eine Fußhand und schleuderten die Untertasse mit der anderen nach Art eines Diskuswerfers. Diese Übung fand erst dann ein Ende, als alle ihre Untertassen verschleudert waren. Als wieder neue Untertassen hergestellt waren, hatten sie sich unterdessen ein neues Spiel ausgedacht, das ihnen das Vergnügen am Werfen der Untertassen ersetzte: Bei diesem pflegte sich eine Schar der ihren um einen Tümpel zu versammeln, um auf Geheiß eines Schiedsrichters hineinzuspringen, wobei der als Sieger galt, der als erster wieder aus dem Wasser heraus war. Wenn dabei der Schiedsrichter ihr Missfallen erregte, warfen sie ihn selbst in dem Tümpel und hüpften danach auf einem Fuß um diesen herum. Dabei sangen sie ein unziemliches Lied, das hier so übersetzt lauten möge:

›Der Schiedsrichter ist weg,
hurra, er liegt im Dreck!‹
Die Marsmenschen sind nämlich sangesfreudig.

Als die beiden Raumfahrer auf dem Mars aus ihrer Rakete ausstiegen, fanden sie sich auf einem weiten Feld mit zahlreichen Tümpeln, wo eine Schar Marsmenschen sich wie beschrieben auf seltsame Art vergnügte.

Beim Anblick der Ankömmlinge hielten die Marsmenschen mit ihren Spielen ein und versammelten sich neugierig um sie. Der Anblick des Professors flößte ihnen Ehrfurcht ein. Sie nahmen den Professor bei der Hand, um ihn zu ihrem Oberhaupt zu führen. Die Maus, vor der sie weniger Achtung empfanden, ergriffen sie, um sie zur Ansicht herumzureichen, so sehr sie auch zappelte. Endlich gelang es ihr zu entkommen. Nun aber begann diese mit ihren Forschungen: Sie packte einen kleinen Marsmenschen, der sich unwillig gebärdete, maß ihn nach Schwanzeslängen ab und trug Werte in ein Notizbuch ein. Dann zog sie aus, um die Gegend zu erkunden.

Die Marsmenschen sind ein freigiebiges und gastfreundliches Volk. Es ist bei ihnen Sitte, den Gast zum Empfang in eine große Schüssel vom Hauptgerichte hineinzusetzen, damit er sich in ihrem Überflusse so wohl wie möglich fühle.

Dies sollte der Professor zuletzt auf seinen Notizblock schreiben, denn eben dies war ihm geschehen. Ihm war es zuerst etwas bang, als man ihn in eine grünliche Brühe steckte; und er war erleichtert, als man ihm andeutete, davon zu essen. Im ersten Moment hatte er befürchtet, dass er das Dinner werden sollte. Nach dem Mahl wuschen sie die Speisereste von ihm ab und trockneten ihn über einem gedämpften Holzkohlenfeuer. Dabei unterhielten sie ihn mit frohen Spielen und Gesängen. Abends wiesen sie ihm ein Schlafloch in einer Felswand zu und schoben ihn kopfüber hinein, als er ratlos davor stehenblieb. Dem Professor war zwar nicht wohl in dieser Behausung, aber er hatte doch das Gefühl, dass man sein Bestes für ihn getan hatte, und so schlief er dankbar ein.

Am nächsten Morgen kroch er aus seiner Schlafstätte heraus und versuchte, von den Marsmenschen zu erfahren, wie er sich verschiedene Annehmlichkeiten verschaffen konnte. Die Marsmenschen aber, deren Gedächtnis kurz war, erkannten ihn nicht wieder, sondern bewarfen ihn mit Steinen und allerlei anderen Gegenständen. Verbittert erkannte der Professor, dass er wieder auf sich allein gestellt war, und ging davon, um sich einen einsamen Platz zum Aufenthalt zu suchen.

Da kam ihm die Maus entgegen. Sie sah müde und zerkratzt aus, aber sie lächelte zufrieden. »Meine Forschungen sind beendet. Hier ist nichts, was uns weiter halten könnte. Fahren wir weiter!«, rief sie.

Der Professor war erleichtert. »Du hast recht. So gut wie hier haben wir es anderswo auch. Das Weltall ist groß, und irgendwo wird sich schon noch ein Planet finden, auf dem wir beide Platz haben.«

Sie stiegen in das Raumschiff und flogen weiter. Nach einiger Zeit des Fluges durch unbekannte Räume tauchte plötzlich ein winzig kleiner Planet vor ihnen auf. Der Professor versuchte noch abzubremsen, aber die Rakete krachte trotzdem auf den Planeten und zersprang in Trümmer. Die beiden Reisenden spürten den Aufschlag schmerzlich, aber sie blieben am Leben. Sie krochen aus den Trümmern hervor, betrachteten die Bescherung und dachten nach. Dann meinte der Professor:

»Hier ist wohl meine Endstation. Was du freilich machen sollst, weiß ich nicht.«

Aber die Maus wusste es: »Ich habe während dieser Raumfahrt den Wert der Wissenschaft kennengelernt. Ich habe auf dem Mars versucht, als Wissenschaftler zu arbeiten. Darum bin ich verpflichtet, die Ergebnisse meiner Forschungen auch anderen mitzuteilen. Ich werde zur Erde zurückkehren. Dazu werde ich mir hier eine Abschussrampe bauen und mich mit dem Treibstoff, der noch im Kanister ist, selbst in den Weltraum hinausschießen. Wenn ich in die Lufthülle der Erde eintrete, wird sich mein Flug verlangsamen, und ich werde weich und sicher landen.«

»Du tust Großes, du setzt dein Leben für die Wissenschaft aufs Spiel«, sagte der Professor.

»Das ist nichts Besonderes, das haben schon andere vor mir getan«, antwortete die Maus voll schlichter Größe. Danach trug sie die Trümmer zusammen, baute sich eine Abschussrampe, trat noch einmal vor den Professor hin, schüttelte ihm stumm die Hand, bestieg die Rakete und flog mit einem Knall in den Weltraum hinaus, der Erde entgegen.

Der Professor sah ihr lange nach. Dann setzte er sich auf das Polster seines Fauteuils, das ganz geblieben war, zündete sich seine letzte Zigarre an und blies den Rauch zu den Sternen hinauf. Da stand plötzlich ein Engel vor ihm und sagte:

»Ich bin gekommen, um dir zu sagen, dass du an deiner vorletzten Rast angelangt bist. Schau her!«

Der Professor sah, dass sich der Rauch seiner Zigarre zu einer Brücke geformt hatte, die von seinen Füßen hinaus ins Weltall führte. Der Engel sprach weiter:

»Am Ende dieser Brücke leuchtet ein Stern. Auf ihn werden wir zuwandern.«

»Wie kann sie mich tragen, wo ich doch fünfundsiebzig Kilo schwer bin?«, fragte der Professor.

»Deine fünfundsiebzig Kilo werden gerade unten auf der Erde in den Sarg gelegt. Als du die Rakete erstmals bestiegen hast, hat dich der Schlag getroffen. Was du danach erlebt hast, ist ein Sinnbild deines abgelaufenen Lebens. Während wir auf den Stern zugehen, wirst du dieses Sinnbild betrachten und dein Leben noch einmal an dir vorbeiziehen lassen. Dabei wirst du nachdenken, warum und wie du Freunde gefunden hast, warum und wann du allein warst, warum du Dinge gefunden hast, die du nicht gesucht hattest, und warum du andere Dinge vergeblich gesucht hast, wo du Recht gehabt hast und wo nicht, und wo du auf das Rechthaben verzichten konntest. Und während du dir eine Frage nach der anderen beantwortest, wirst du deinem Stern immer näher kommen, bis du in sein Licht hineintreten darfst – dann bist du an deinem Ziel. Darum folge mir!«

Nach diesen Worten betrat der Engel die Brücke und ging langsam voraus, und der alte Professor ging hinter ihm drein.

WIR PFEIFEN AUF'S SCHLARAFFENLAND

Doris Lautenbach

Eigentlich war es ein ganz normaler Tag.
Die mit Rosinenschnecken gedeckten Dächer der kleinen Häuser glänzten und die Zäune aus Bratwürsten funkelten im warmen Licht. Blasslila kandierte Veilchen und üppige Marzipanrosen leuchteten einladend in den Vorgärten.

Die meisten Bewohner des Schlaraffenlandes dösten im Schatten. Viele hatten sich bereits an den zahlreichen Brunnen gelabt, aus denen unermüdlich Champagner sprudelte. Andere hatten farbige Bärte über der Oberlippe, die darauf hinwiesen, dass sie sich noch bis vor kurzem aus dem sahnigen Milchsee bedient hatten. Cocktails aus frischer Vollmilch und Sirup gehörten nämlich ebenfalls zum Nationalgetränk der Schlaraffen. Die friedliche Stille wurde nur durch leises Schnarchen und gelegentliches Rülpsen unterbrochen.

Für die Schlaraffen gab es nichts weiter zu tun, als auf die sonntägliche Ansprache ihres Königs zu warten. An diesem Tag trat Seine Majestät Fiesel der Feiste gewöhnlich auf den Balkon seines Zuckerpalastes und wandte sich an sein Volk. Doch heute würde er sich noch wundern. Eine Meuterei stand ihm ins Haus.

Eine gebratene Taube hatte den Stein schon vor Wochen angeschubst und inzwischen ins Rollen gebracht.

An einem lauen Montagabend hatten sich seinerzeit Franz und Leni, ein junges Schlaraffen-Pärchen, auf den beiden großen Käselaiben gelümmelt, die in ihrem Wohnzimmer als Sessel dienten. Sie hatten Lakritzschnecken geknabbert und pink-gelbe Zuckerstangen gelutscht, als die gebratene Taube urplötzlich durch die Fensterscheibe in ihre gute Stube gekracht war. Splitter waren durch die Gegend geflogen, glücklicherweise handelte es sich um Stückchen aus gesponnenem Zucker.

Die Taube hatte nicht lange gefackelt: »Na, genießen die Herrschaften den Feierabend?«, hatte sie höhnisch gefragt und die gebratenen Stummelflügel angriffslustig in die Seiten gestemmt.

Franz und Leni hatten nur verdutzt geblickt.

»Ach, ich vergaß, das Wort Feierabend kommt in eurem Wortschatz ja nicht vor.« Die Taube hatte sich in Fahrt geredet

»Ich hab es so satt, euch beim Nichtstun zuzuschauen. Den ganzen Tag nur dösen und essen und warten, dass unsereins euch in den Mund fliegt. Draußen in der Welt geht die Post ab. Es ist allerhöchste Zeit, dass die Schlaraffen ihr verschlafenes Hinterwäldlerdasein aufgeben und sich den Anforderungen der modernen Welt stellen.

Macht was aus eurem Leben! Lest, lernt, entwickelt euch! Aber ich habe mich noch gar nicht korrekt vorgestellt. Verzeihung. Mein Name ist Mick21. Meine Urahnen waren übrigens gefürchtete Abfangjäger und gleichzeitig hoch gebildete Brieftauben. Wenn ihr einverstanden seid, gebe ich euch Nachhilfe. Allgemeinbildung. Und Mutmuskeltraining. Aber ihr müsst mitziehen, denn, das sage ich euch gleich, ein Zuckerschlecken wird das nicht.«

Franz und Leni hatten natürlich zunächst gezögert. Aber der unerwartete Auftritt der temperamentvollen Taube hatte sie beeindruckt und ihre Neugierde geweckt. Und da es sonst nichts zu tun gab im Schlaraffenland, hatten sie schließlich eingewilligt. Der Funke war schnell übergesprungen. Sie waren wie elektrisiert! Mick21 war ein ausgezeichneter Lehrer und mitreißender Redner. Er hatte ihnen klargemacht, wie wichtig es war, eigene Wünsche zu entwickeln, sich für deren Erfüllung anstrengen zu müssen. Franz und Leni hatten sich mit glühender Begeisterung seinem anspruchsvollen Bildungs- und Literaturprogramm unterzogen. Als Mick21 schließlich eines Tages zufrieden genickt hatte, begannen sie mit der Schulung der anderen Schlaraffen. Die Resonanz war vielversprechend. Die Mehrheit hatte die unbedingte Notwendigkeit einer friedlichen Revolution erkannt.

Jetzt also warteten sie nervös auf die Ansprache des Königs. Würden wirklich alle Schlaraffen an einem Strang ziehen?

Kurz nach 14 Uhr war es soweit. Eine Fanfare kündigte Fiesels Erscheinen auf dem königlichen Balkon an. Franz atmete noch einmal tief durch, Leni nickte ihm zuversichtlich zu und Mick21 spreizte seine gebratenen Flügel zu einem Victory-Zeichen.

Fiesel der Feiste trat in seinem bekleckerten Nachthemd ins Freie. Es spannte sich über seinem gewaltigen Wanst, und als er die beringte Hand hob, um seine Augen gegen die Sonne zu schützen, rutschte es hoch und man sah für einen Augenblick weißes Bauchfleisch.

Zur Begrüßung seiner Untertanen furzte der König knallend und rief dann mit durchdringender Stimme: »Schlaraffinnen und Schlaraffen! Wie üblich stelle ich euch nur eine Frage: Wollt ihr den totalen Überfluss?«

Fiesel rechnete selbstverständlich mit dem gewohnten Jubel, er drehte bereits wieder ab, um sich für ein weiteres Nickerchen zurückzuziehen, als jemand in die Stille hinein rief: »Nö, wollen wir nicht!«

Mick21, Franz und Leni lächelten sich erleichtert an. Es funktionierte!

Fiesel fasste es nicht. »Wie, wollt ihr nicht? Sondern? Was wollt ihr dann?«

»Arbeiten!«, rief jemand

Der Bann war gebrochen, die Schlaraffen schrien nun alle durcheinander.

»Eine sinnvolle Work-Life-Balance«, forderte einer, der sich länger mit einem Artikel aus der gelben Presse beschäftigt hatte.

»Genau! Und endlich auch mal andere Klamotten tragen. Nicht immer nur diese altmodischen Teile vom Kleiderbaum schütteln. Wo kommt das Zeug überhaupt her? Und wie sind die Arbeitsbedingungen in den Fabriken dort?« Ein jüngerer Schlaraffe sah misstrauisch an sich herab.

»Und wir haben es satt, dass hier alle Frauen ab 40 regelmäßig in den Jungbrunnen müssen! Wir wollen nach Lust und Laune altern. Und nicht, wie die saubere Gesellschaft uns das hier vorschreibt«, rief eine faltenfreie Frau zornig und ballte die Fäuste.

In der hintersten Reihe begannen einige alte Männer zu tuscheln: »Och, der Jungbrunnen war nun echt nicht so schlecht. Der könnte doch eigentlich bleiben.« Aber als Mick21 drohend zu ihnen herübersah, verstummten sie augenblicklich.

Franz wandte sich an den aufgelösten König: »Komm runter, Fiesel, wir müssen mit dir reden!«

Nachdem sich der fette König durch das Palasttor gezwängt hatte, sah er sich suchend nach seinen vier Sänftenträgern um, aber diese lehnten mit verschränkten Armen an einem Baum und schüttelten abweisend die Köpfe.

Fiesel hielt verzweifelt Ausschau nach den beiden gebratenen Spannferkeln. »Schwarte! Kruste! Zu mir!« Aber die beiden hatten ihre Äpfel ausgespuckt, sich die Petersiliensträuße aus dem Po gerissen und blickten ihren Chef nur verächtlich an.

»Lieber Fiesel. Wir wollen so nicht mehr weiterleben«, sprach Franz mit ruhiger Stimme.

»Hier im Schlaraffenland ist alles vorhersehbar und selbstverständlich. Uns ist klar geworden, dass wir unsere Komfortzone von Zeit zu Zeit verlassen müssen. Schluss mit der Bequemlichkeit. Wann haben wir hier denn das letzte Mal etwas zum ersten Mal gemacht? Wir müssen aufhören, träge durch unser Leben zu trotten. Wir sollten reisen. Uns vom Gewohnten lösen. Wir brauchen die Gegensätze. Wer Ruhe möchte, muss Hektik kennen, sonst weiß er sie nicht zu schätzen. Die ewige Besessenheit vom Glück macht auf Dauer dumm. Auch Unzufriedenheit und Traurigkeit sind wichtig, denn sie treiben uns an und schützen vor Routine und Erstarrung.«

Dem König wackelten vor Empörung die Pausbacken und seine Stimme zitterte. »Und das nach allem, was ich für euch getan habe! Die neue Hot-Dog-Wurfmaschine zum Beispiel. Die macht euch doch Spaß!« Er blickte seine Untertanen beinahe bittend an. »Der teure Wein und Champagner, der kostspielige Zulauf von flüssiger 70%iger Bitterschokolade in unseren Milchsee, die wunderbaren Torten und köstlichen Kuchen für unsere lustigen Tortenschlachten ... Nein«, er schüttelte energisch das königliche Haupt, »es bleibt dabei, das Leben im Schlaraffenland ist alternativlos.«

»Fiesel«, ergriff nun Leni das Wort. Sie blickte ein wenig unsicher zu Mick21, der ihr aufmunternd zunickte und flüsterte: »Alternativlos. Pfft. Sind wir alles durchgegangen. Los, Leni, du kannst das!«

Leni atmete aus und sagte: »Also, das Wort ›alternativlos‹ ist eine bodenlose Frechheit! Ein Wort wie ein Tritt vors Schienbein. Es bedeutet, keine Argumente und Diskussionen zuzulassen. Keine Neuanfänge, von Visionen ganz zu schweigen. Alternativlos bedeutet Druck, Leblosigkeit und Stillstand. Schluss damit! Ich fordere dich auf, Fiesel, den Schlaraffen Reisefreiheit zu gewähren. Wer will, soll das Land ab sofort verlassen dürfen! Wir pfeifen aufs Schlaraffenland. Wir haben lange genug hinter einer Mauer gelebt. Einer Mauer aus Milchreis.«

Der Jubel und Applaus dauerten minutenlang, und Fiesel der Feiste unterzeichnete noch am selben Nachmittag die Reisefreiheitsvereinbarung.

Am nächsten Morgen machte sich eine Gruppe von etwa 20 Schlaraffen mit Franz und Leni auf den Weg. Drei Tage durchquerten sie einen uralten Wald, Schwarte und Kruste schlossen sich sofort einem Rudel Wildschweine an und galoppierten glücklich in die Freiheit. Mick21 war schon vorausgeflogen. Endlich lichteten sich die Bäume. Sie hatten die Stadt erreicht. Franz betrat eine Bäckerei, um Proviant zu kaufen und nach dem Weg zu fragen. Staunend betrachtete er die zahlreichen Brotsorten und sog genießerisch ihren Duft ein.

»Sie wünschen? Hier, den Streuselkuchen hab ich ganz frisch aus dem Ofen geholt.« Die freundliche Verkäuferin wies lächelnd auf ein Blech.

»Nein, danke«, sagte Franz höflich, »unser Volk hatte lange genug Kuchen. Wir wollen jetzt lieber Brot essen. Vielleicht das da?«

»Einmal Kürbiskern, der Herr. Sonst noch einen Wunsch?«

Franz strahlte die Frau an: »Ja. Ich habe noch so viele Wünsche. Das weiß ich jetzt. Sie auch, hoffentlich.«

Und dann liefen die Schlaraffen weiter.

RECHT UND BILLIG

Manfred Voita

Der Emissär mit der fremden Fahne ritt stolz und aufrecht über die Zugbrücke in den Hof der Festung ein. Der Tag, vor dem der alte Herrscher sich schon lange gefürchtet hatte, war gekommen. Nicht lange, und der Hofmarschall führte den fremden Gesandten vor den Thron des Königs.

»Mein Herr bietet Euch Frieden«, sprach der ungebetene Gast, »doch dafür erwartet er, dass Ihr die Herrschaft Seiner Hoheit über Eure Länder anerkennt und ihm künftig Tribut zollt.«

Wohl stieg dem König die Zornesröte ob der unverschämten Forderung ins Gesicht, doch zwangen ihn die Regeln der Gastfreundschaft und die Einsicht in das Unvermeidliche, den Fremden nicht mit Schimpf und Schande vom Hofe jagen zu lassen, sondern die Botschaft des mächtigen Feindes anzuhören.

»Solltet Ihr den wohlmeinenden Absichten meines Gebieters trotzen wollen, so ladet Ihr die Verantwortung für alle Grausamkeiten, die sich daraus ergeben mögen, auf Euer Gewissen.«

Der Bote legte eine Pause ein, maß den Greis auf dem Thron mit kühlem Blick und fuhr fort: »Um aber unschuldiges Blut nicht zu vergießen, schlägt mein Herr ein Duell vor, bei dem Ihr die Wahl der Waffen haben sollt.«

Daraufhin entrollte er eine Schriftrolle und verlas die Regeln, die sein Herr ihm aufgetragen hatte. Dem König stünde es frei, das Feld zu wählen, auf dem er sich mit dem Herausforderer zu messen gedachte und der oberste Priester des Landes, ein weiser und gütiger Mann, solle zum Schiedsrichter eingesetzt werden, dessen letzter Entscheidung sich beide

Herren zu unterwerfen hätten. Wer im Duell obsiege, dem stünde künftig die Krone beider Reiche zu.

Was blieb dem alten König anderes übrig, als dieses freche Angebot zu akzeptieren. Siegesgewiss sprengte der Bote davon, derweil sich die Höflinge bestürzt um ihren Herren sammelten. Ein jeder wusste, dass alle Fürsten der angrenzenden Reiche in einem solchen Duell dem schrecklichen Gegner unterlegen gewesen waren. Noch nie, so ging die Kunde, habe jemand das Antlitz des Usurpators erblickt, und die Alten munkelten gar, er sei mit dem Tode im Bunde, der ihm für ein dunkles Versprechen zu Diensten sei. Wie sollte der alte König diesem Manne bloß entgegentreten? Es gab keine Waffe, die jener nicht besser führen könnte, im Ringkampf wäre er seinem jugendlichen Herausforderer hoffnungslos unterlegen, im Wettlauf ohne jegliche Chance.

»Stellt Euch einem Rätselduell!«, schlug ein Höfling vor, doch sogleich wusste ein anderer, dass der fremde Herrscher auch darin schon gesiegt hatte. Nein, es schien alles aussichtslos, bis der Hofnarr vortrat und erklärte, noch nie habe ein Wettstreit darüber stattgefunden, wer der Großzügigere der Duellanten sei.

In das Gemurmel, welches dem Vorschlag folgte, sprach der König: »Ein närrischer Vorschlag mag wohl wirklich der einzige Ausweg sein. «

Der Hofschreiber wurde gerufen, die Höflinge steckten die Köpfe zusammen, und bald schon erhielt der Herausforderer eine Depesche, die ihn von der Wahl des greisen Königs in Kenntnis setzte.

Am vereinbarten Tag trafen sich die beiden Parteien vor den Augen des obersten Priesters, und dieser sah, wie der mächtige Feind anreiste: begleitet von einer schier endlosen Karawane, die Berge von Geschmeide, edlen Stoffen, Gold und Silber brachte als Gabe für den alten Herrscher und Zeichen wahrhaft königlicher Großzügigkeit. Das Volk, das sich dort versammelt hatte, seufzte, denn wie sollte diese List noch übertroffen werden? Was auch immer der Herausforderer verschenkte – selbst wenn es noch mehr wäre –, es würde ihm nach seinem so unabwendbar scheinenden Sieg in diesem Duell ja doch wieder zufallen.

Der alte Herrscher aber trat ganz allein vor den obersten Priester, nicht einmal ein Diener mit einer wohlgefüllten Börse begleitete ihn. Der Priester forderte ihn auf, den Beweis seiner Großzügigkeit zu erbringen. Da sprach der alte König laut: „Ich verzichte auf die Herrschaft.«

Unter den Vasallen des Herausforderers brach lauter Jubel aus, und schon schien alles entschieden, da hob der oberste Priester die Hand und verkündete sein Urteil: »Der alte Herrscher hat gesiegt, denn welche Tat könnte großzügiger sein als der Verzicht auf die Herrschaft?«

WANTED

PRINZ GESUCHT

Rudolf Gier

In dem fernen Land Mallamulata lebte einst ein König. Er war einfältig, faul, ungerecht und, wie sich jeder denken kann, bei seinem Volk nicht besonders beliebt. »Das ist vielleicht ein komischer Vogel«, meinten viele Mallamulataner hinter vorgehaltener Hand.

Die Regierungsgeschäfte des Königs bestanden in der Hauptsache darin, die Abgaben zu erhöhen, die seine Untertanen zu entrichten hatten. Was solche Dinge anbelangte, war der ansonsten eher dümmliche König ziemlich gewieft. So hatte er sich alle möglichen Steuern ausgedacht. Es gab nicht nur die Salz-, Tee-, Tabak-, Hunde- und Gardinensteuer, sondern er hatte zudem eine allgemeine Sitz- und Schlafsteuer, eine Ess- und Trinksteuer, eine Hemd- und Hosensteuer, eine Schnupftuchsteuer und eine Kerzenleuchtersteuer erhoben. Und zu guter Letzt hatte er, man mag es kaum für möglich halten, die Märchensteuer eingeführt.

Außer Abgaben und Steuern einzutreiben, tat der König so gut wie nichts. Essen und Trinken waren seine großen Leidenschaften, für die er sich allerdings, wenn er sein Spiegelbild erblickte, bedauerte. Dann sah er einen aufgeblähten, froschähnlichen Rumpf mit Vogelbeinchen und einem viel zu kleinen hässlichen Schweinekopf. Lediglich die Krone, die wie Falschgeld auf dem Schweinekopf saß, verdeutlichte ihm: »Ja, das muss ich sein, König Bertram IV. von Mallamulata. Oh, wie schrecklich ich heute wieder aussehe!«

»Bertram, du Vierter, wo um alles in der Welt steckst du schon wieder«, rief die Königin, wenn Langeweile sie quälte. Sie hieß Fildegard VI. und war auch nicht viel besser als ihr Gemahl. Den ganzen lieben langen Tag ließ sie sich von Kopf bis Fuß bedienen. Ihre Hofdamen konnte man nur bedauern. Ständig mussten sie der Königin neue Sachen zum Anziehen bringen. Ent-

168

weder war der Königin das Kleid zu eng, oder es war zu weit, zu kurz, zu lang oder zu luftig. Immer hatte sie etwas auszusetzen.

Manchmal fing sie an zu schreien, dass es durch den ganzen Palast hallte: »Ich bin allein! Leiste mir gefälligst Gesellschaft, Bertram IV.« Der Gerufene antwortete: »Hier bin ich, in der Schatzkammer, liebe Fildegard, du Sechste.«

König Bertram IV. und Königin Fildegard VI. trafen sich oft in den Katakomben des Palastes und holten ihre funkelnden Kostbarkeiten aus der Schatztruhe: Juwelen, viele Diamanten und Edelsteine, unzählige Ringe, Halsketten, Goldklumpen, diverse Kronen und haufenweise kostbare Münzen.

»Wie gut, dass wir so viele wertvolle Dinge haben!«, sagte die Königin. »Finde ich auch«, meinte der König, »ohne unsere Besitztümer wären wir nichts.« Wirklich zufrieden schienen die beiden aber nicht zu sein. Im Gegenteil: Sie hockten da wie zwei Einfaltspinsel.

Dabei hätten sie allen Grund zur Freude haben können. Schließlich waren sie die Eltern von sieben bezaubernden Töchtern. Blickte man in die Gesichter der Töchter, konnte man noch erahnen, wie schön und glücklich einst die Eltern gewesen sein mussten.

Die sieben Töchter hießen Mia, Emma, Emilia, Leonie, Lotta, Lina und Greta. Jede von ihnen trug langes, dunkelbraunes, lockiges Haar und hatte große Augen. Eine war hübscher als die andere, und alle zusammen waren tausendmal schöner als schön.

Auch in anderer Hinsicht schienen die sieben Töchter das genaue Gegenteil ihrer Eltern zu sein: Sie wirkten stets leichtfüßig, charmant und liebenswürdig. Sie waren füreinander wie beste Freundinnen, und eine gemeinsame Leidenschaft schien sie noch stärker zu verbinden: Sie tanzten mit großem Enthusiasmus und hingebungsvoll Ballett. Sobald der königliche Schulmeister die Mädchen aus der Unterrichtung in höfischen Umgangsformen entließ, gingen sie in den Tanzsaal zum Ballettunterricht. War die Stunde vorüber, übten sie ohne Lehrerin weiter. Dann tanzten sie, wie sie wollten und was ihnen gerade in den Sinn kam.

Das Leben am Hofe des Königs hätte noch jahrelang so weitergehen können, doch eines Tages geschah etwas, das alles über den Haufen warf.

König Bertram IV. und Königin Fildegard VI. hatte es mal wieder in die Palastkatakomben gezogen. Auf dem Weg zur Schatzkammer trauten sie ihren Augen nicht. Eine monströse Gestalt hatte sich vor dem Eingang breitgemacht. Schon der giftgrüne Schuppenpanzer signalisierte, dass es sich nicht gerade um einen Freund des Hauses handelte. Als das Wesen bemerkte, dass es nicht mehr allein war, hob es den Riesenkopf, riss das Maul auf, in dem gut und gern der dicke König samt dicker Königin hineingepasst hätten, und brüllte, dass die Wände wackelten.

Der König und die Königin wichen zurück. »Unternimm doch endlich etwas, Bertram, du Vierter«, fauchte die Königin.

»Scheiße!«, kam es Bertram IV. in den Sinn, ein Wort, das er als König normalerweise nicht aussprechen und noch nicht einmal denken durfte. Dann wandte er sich an den Drachen: »Raus aus unserem Palast, du unerhörter Eindringling!« Es klang wenig überzeugend und bestenfalls kleinlaut.

Der Drache erhob sich, wodurch seine Größe in vollem Umfang zur Geltung kam. Er war bestimmt drei Meter hoch und mindestens fünf Meter lang. Wenn er mit den mächtigen Fußkrallen scharrte, bebte der Boden. Noch einmal brüllte er, holte Luft und blies eine Ladung Feuer aus, wobei sich das Feuer mit seiner klebrig ätzenden Spucke vermischte, sodass der König und die Königin von einem schmierigen, heißen Strahl getroffen wurden. Sogar ihre Schuhsohlen hatten Feuer gefangen und qualmten. Unbeholfen drehten sie sich um und bugsierten ungelenk ihre schwergewichtigen Leiber aus den Katakomben.

»Diener! Diener! Diener!«, hallte es bald darauf durch den Palast. Dem Königspaar waren die Kleider angebrannt. Und jetzt mussten auf die Schnelle neue her. Auch die angekokelten Frisuren sollten auf der Stelle aufgefrischt werden. Und dann war da noch der zum Himmel stinkende Drachenschleim.

»Parfüm! Parfüm! Parfüm!«, rief Königin Fildegard VI., als ob sich ihre Befehle schneller umsetzen ließen, indem sie sie gebetsmühlenartig wiederholte. Die armen Hofdiener! Sie konnten machen, was sie wollten, es war immer verkehrt, so sehr lagen die Nerven ihrer Vorgesetzten blank.

Später fing König Bertram IV. an zu greinen: »Nie wieder können wir unserer wunderbaren Schätze ansichtig werden.« Königin Fildegard VI. sah verärgert an die Zimmerdecke. »Anstatt Trübsal zu blasen, solltest du lieber einen Schlachtplan zur Vernichtung des Drachen schmieden.«

Die Begegnung mit dem Drachen hatte sichtbare Spuren beim Königspaar hinterlassen. Die Falten und Furchen in ihren Gesichtern waren tiefer, ihre Rücken krummer und ihre Beine schlaffer geworden.

»Wir brauchen Hilfe«, sprach die Königin wie ein altes Weib, und während sie das sagte, hatte sie eine Idee. »Was spräche eigentlich dagegen, wenn wir um einen Prinzen werben würden. Jetzt, wo wir unserer Schätze beraubt sind und unsere Macht auf dem Spiel steht, brauchen wir dringend einen mutigen jungen Mann, der imstande ist, unser Problem zu lösen.«

Die Unterredung von Königin Fildegard VI. und König Bertram IV. zog sich an jenem Abend noch einige Stunden hin. Das Ergebnis wurde am folgenden Tag in Form einer königlichen Nachricht unter das Volk gebracht. Auf den Marktplätzen tauchten königliche Botschafter auf und riefen:

»Bürger von Mallamulata, hergehört! Die Königliche Hoheit Bertram IV. gibt bekannt: In den Katakomben des Palastes hat sich ein gefährlicher Drache eingenistet. Er bedroht Leib und Leben des Königs und der Königin. Gesucht werden mutige junge Männer, die bereit sind, gegen den Drachen zu kämpfen. Wem es gelingt, den Drachen unschädlich zu machen und das Leben von Bertram IV. und Fildegard VI. zu retten, der soll Prinz von Mallamulata werden und erhält zur Belohnung eine der zauberhaften Königstöchter zur Braut. Geeignete Bewerber können sich ab sofort am Königshof melden.«

König Bertram IV. und Königin Fildegard VI. saßen im Palast. Sie aßen und tranken und ließen alle Regierungsgeschäfte vorübergehend ruhen, um sich voll und ganz auf den Kampf gegen den Drachen konzentrieren zu können. Eines hatten sie bislang aber noch gar nicht bedacht. »Welche unserer sieben Töchter soll eigentlich Prinzessin werden?«, fragte der König. »Ganz einfach: diejenige, die am schönsten Ballett tanzen kann«, sagte die Königin. Die besondere Tradition in Mallamulata sah vor, dass es in jeder Königsfamilie nur eine Prinzessin geben durfte.

Die Töchter waren überhaupt nicht begeistert vom Plan der Eltern. »Wir wollen keinen Tanzwettbewerb«, sagte Mia. Emma pflichtete ihr bei:

»Hochverehrte Königin, Sie wissen ganz genau, dass wir miteinander und nicht gegeneinander tanzen wollen.«

In Mallamulata mussten Königskinder ihre Eltern mit »Sie« anreden, so verlangten es die höfischen Anstandsregeln. Und sie mussten auf das hören, was die Eltern entschieden. »Ihr macht den Wettbewerb!«, sagte die Königin streng.

Im Normalfall wäre die Unterredung an dieser Stelle zu Ende gewesen. Aber diesmal ging sie weiter, denn die Töchter wollten die Entscheidung der Eltern absolut nicht akzeptieren.

»Erstens machen wir bei dem Quatsch nicht mit«, sagte Emilia in einem aufbegehrenden Ton.

»Und zweitens«, pflichtete Leonie ihr bei, »zweitens nimmt keine von uns irgendeinen dahergelaufenen Kerl, der Prinz werden will.«

Königin Fildegard VI. mochte gar nicht glauben, was ihr da zu Ohren kam, und begann zu zweifeln. »Vielleicht höre ich ja wirklich nicht mehr so gut«, dachte sie noch, da stimmte ihre jüngste Tochter Lotta in den Chor der Ungehorsamen ein: »Und drittens wird jede von uns Prinzessin oder keine!«

Die Königin schnappte nach Luft und wollte sich Respekt verschaffen. Aber Greta kam ihr zuvor: »Und viertens suchen wir uns, wenn es denn sein muss, die Prinzen selber aus.«

»Und fünftens«, setzte Lina den Schlusspunkt, »fünftens lassen wir uns nicht alles vorschreiben, nicht einmal von Ihnen, verehrte Königin.«

Die Königin hatte die Nase gestrichen voll. »Ihr werdet das tun, was wir bestimmen. So ist es immer gewesen, und so wird es immer sein. Und damit wir uns richtig verstehen: Auch wenn euch die Tanzerei zu Kopfe gestiegen sein mag! Spätestens dann, wenn der Drachenkampf entschieden ist, tragt ihr den Wettbewerb aus, basta!« Die Königin drehte sich um und warf mit voller Wucht die Tür hinter sich zu.

In den folgenden Tagen gab es auf den Straßen von Mallamulata nur ein einziges Thema: die königliche Botschaft. Die Aussicht, Prinz von Mallamulata zu werden und eine der zauberhaften Töchter des Königs zur Braut zu bekommen, war natürlich sehr verlockend. Andererseits hatte kaum jemand genügend Courage, sich auf eine so gefährliche Sache einzulassen. »Ich und Angst vor dem Drachen?! Nö. Aber Prinz sein, das ist nichts

172

für mich«, logen viele junge Männer. »Habe leider keine Zeit«, war die zweitbeliebteste Ausrede.

Immerhin fand sich am Ende etwas mehr als eine Handvoll junger Burschen am Hofe des Königs ein, die bereit waren, ihr Leben zu riskieren und den Kampf gegen den Drachen aufzunehmen. Sie hießen Finn, Lukas, Paul, Ben, Jonas, Felix und Jakob.

In einem waren sich die Burschen einig: Sie wollten gerne Prinz werden. »Außerdem habe ich nichts zu verlieren«, meinte Finn und sprach damit den anderen aus der Seele.

Die jungen Burschen stammten aus einfachen Familien. Seitdem der König die Steuern so drastisch erhöht hatte, gab es für die meisten Menschen nicht mehr viel zu lachen. Und obwohl alle Regierungsgeschäfte ruhten – Steuern mussten die Familien trotzdem bezahlen. Nicht nur ihr Edelsinn, sondern auch die ärmlichen Lebensumstände hatten die Burschen dazu bewogen, der Aufforderung des Königs zu folgen und ihr Glück zu versuchen.

Die Königin machte aus ihren Ansichten kein Geheimnis. »Dass ihr alle aus ärmlichen Verhältnissen kommt, sehen wir eigentlich nicht so gerne«, sagte sie mürrisch. »Aber«, gab der König zu verstehen, »was wir versprochen haben, das halten wir. So wahr ich Bertram IV., König von Mallamulata bin!«

Der König und die Königin hatten über die ungebildeten Prinzenanwärter bereits ausführlich diskutiert. »Es ist ja nur eine Tochter, die wir opfern müssen«, hatte die Königin gesagt. »Alle anderen können wir später ja noch mit Edelmännern verheiraten.« Der König hatte wie immer zustimmend genickt.

»Also, ihr Burschen, versucht euer Glück!«, sagte er jetzt. Diese verbeugten sich höflich. »Jawohl, Euer Ehren!«, sagten sie und zogen ab.

Jeder von ihnen wollte seinen Angriffsversuch möglichst schnell hinter sich bringen. Zunächst losten sie eine Reihenfolge aus, wer als erster, zweiter, dritter und so fort in den Kampf ziehen durfte. Ein hohes Maß an Furchtlosigkeit und auch einen gewissen Optimismus, was die Schlagkräftigkeit der Waffen betraf, mit denen sie sich ausgerüstet hatten, konnte man den Jünglingen beileibe nicht absprechen.

Finn hatte sich beim Schmied einen zentnerschweren Vorschlaghammer anfertigen lassen. Damit wollte er solange draufhauen, bis der Drache umfiel.

Lukas trug ein großes Schwert bei sich. Die Klinge war angeblich sehr scharf und konnte mühelos einen durch die Luft fliegenden Bogen Papier sauber zerschneiden und vermutlich ebenso leicht den Hals eines Drachens durchtrennen.

Paul hatte eine besondere Armbrust gebaut. Sie konnte zwei Pfeile gleichzeitig laden. Er hoffte, mit einem Schuss beide Augen des Drachens zu treffen, sodass dieser Knall auf Fall erblindete und sich nicht mehr wehren konnte.

Ben vertraute dagegen auf eine gewöhnliche Lanze, deren Spitze er allerdings mit einem Giftbeutel präpariert hatte. Sicher, die Lanze konnte dem Drachen nicht viel anhaben, war sich Ben bewusst. Aber er war felsenfest davon überzeugt, dass das Gift die Bestie am Ende vernichten würde.

Über eine Waffe ganz besonderer Art verfügte Jonas: Er hatte ein Pendel dabei, eine Schnur mit einem kegelförmigen Metallstück. Er wollte das Pendel vor den Augen des Drachens kreisen lassen und das Ungeheuer auf diese simple Art und Weise hypnotisieren. »Psychologische Kriegsführung nennt man sowas, Freunde«, meinte er voller Zuversicht.

Noch einfacher erschien die Strategie von Felix. Er hatte kalipatanisches Pulver mitgebracht. Wenn man es entzündete, explodierte es und verursachte einen ohrenbetäubenden Donnerschlag. »Der Drache wird einen Schreck bekommen und sich mir nichts, dir nichts verkrümeln«, prahlte Felix siegessicher.

Der Einzige, der gar keine Waffe im engen Sinne mitgebracht hatte, war Jakob. »Ich verlasse mich auf meinen scharfen Blick«, erläuterte er seine außergewöhnliche Fähigkeit der Gedankenübertragung. »Wenn der Drache meinem Blick nicht ausweichen kann, wovon ich ausgehe, dann werde ich seine Gedanken manipulieren. Ich werde ihm solange einimpfen, sich vom Acker zu machen, bis er auf Nimmerwiedersehen das Weite sucht.«

Soviel war sicher: Die Burschen waren mit einer guten Dosis Größenwahn infiziert, und so sympathisch sie einem auch erscheinen mochten, so kläglich sollten ihre stümperhaften Angriffsversuche scheitern.

Ob Vorschlaghammer, Schwert, Lanze, Armbrust, Pendel, Schießpulver oder Gedankenübertragung, der Drache kannte diese aus seiner Sicht stumpfen Waffen zur Genüge und hatte sie im Laufe seines über tausendjährigen Daseins schon zigmal abgewehrt. Sobald ihm einer der vermeintlichen Drachentöter zu nahe kam, holte er kurz Luft, blies sie mit aller Macht wieder aus und malträtierte seinen Angreifer mit einem heißen Strahl aus Feuer und glibberigem Schleim. Es zischte, und im Nu waren Teile der Hose und Jacke angebrannt oder weggeätzt.

So oder ähnlich erging es allen Burschen. Einer nach dem anderen stürmten sie vergeblich in die Palastkatakomben, um im nächsten Augenblick schreiend und mit verrußten, zum Teil zerfetzten und stinkenden Klamotten wieder herauszukommen. Ihre naiven Angriffsversuche endeten in einem Desaster, und man konnte von Glück sagen, dass bei den sinnlosen Attacken niemand ernsthaft zu Schaden gekommen war.

König Bertram IV. und Königin Fildegard VI. saßen oben im Palast am Fenster und beobachteten, wie die abgewrackten Burschen in den Schlossgarten flüchteten und erschöpft in die Blumenbeete sackten. Ohne selbst dabei gewesen zu sein, konnten der König und die Königin sich zusammenreimen, wie es den Burschen ergangen war. Und ihre eigenen Erfahrungen hatten sie ja schließlich auch schon gemacht.

»Alles Luschen!«, schimpfte die Königin. Der König pflichtete ihr bei: »Hätte ich mir doch gleich denken können, dass man sich auf diese armseligen Trottel nicht verlassen kann.«

Ihre anfängliche Wut schlug in Traurigkeit um, und bald saßen der König und die Königin da wie zwei leere Dukatensäcke. Während sie sich gedanklich schon auf den Untergang ihres Königreiches einstimmten, standen im Schlosspark die erfolglosen jungen Männer zusammen und besprachen ihre blamablen Gefechte.

»So einen Drachen habe ich noch nie gesehen, den packt keiner von uns«, sagte Lukas deprimiert.

Finn empfand es genauso: »Der ist einfach unschlagbar.«

»Unschlagbar würde ich nicht sagen«, widersprach Paul, »wenn ich ein Superheld wäre, würde ich ihn umhauen, und aus die Maus!«

Ben runzelte die Stirn: »Du und ein Superheld! Du hättest dich eben mal sehen sollen!«

»Musst du gerade sagen!«

»Was soll das denn heißen!«

»Willst du Ärger, oder was?«

Ein Wort gab das andere und im Nu war ein Streit entbrannt. »Leute, hört auf mit dem Gezanke«, ging Jonas dazwischen. »Anstatt uns gegenseitig das Leben schwer zu machen, sollten wir lieber darüber nachdenken, was wir falsch gemacht haben.«

»Was sollen wir schon falsch gemacht haben?«, fragte Felix und blickte ratlos in die Runde.

»Ich finde, wir sind zu blauäugig vorgegangen«, sagte Jonas.

»Und der größte Fehler war, dass es jeder auf eigene Faust versucht hat«, ergänzte Jakob. »Wer weiß, wie die Geschichte ausgegangen wäre, wenn wir uns zusammengetan hätten.«

An dieser Stelle des Haderns ging den Jünglingen ein Licht auf, und es dauerte nicht lange, da beschlossen sie, es noch einmal zu versuchen. Aber diesmal würde nicht jeder allein in den Kampf ziehen, sondern alle zusammen würden sie dem Drachen zu Leibe rücken.

Sie trafen alle notwendigen Vorbereitungen und gingen auf leisen Sohlen in die Palastkatakomben. Eine Weile hielten sie sich hinter einer Mauer versteckt. Der Drache lag da, ahnte nichts Böses, hatte alle viere von sich gestreckt und gähnte selbstzufrieden. Wie aus dem Nichts preschten die Burschen vor und umzingelten ihn im Halbkreis.

Was konnte der Schwerthieb einer vergleichsweise unscheinbaren Person gegen einen ausgewachsenen Drachen ausrichten? Was nützten zwei Armbrustpfeile, die aus der Sicht des Untiers, auch wenn es sie direkt auf die Augen bekam, nicht viel größer waren als Stecknadeln? Was machte es schon aus, wenn Schläge mit einem Hämmerchen auf seine mächtigen Krallen niederprasselten? Eine harmlose Wunde an der Backe, von einer kleinen Lanze hervorgerufen, und das bisschen Gift, das in die dicke Blutbahn geriet, was sollte das dem Ungetüm schon anhaben können? Und was konnte es schon bewirken, wenn vor seinem Kopf ein nerviges kleines Pendel herumkreiste? Der Drache wusste doch ohnehin nicht mehr, wohin er

176

schauen sollte. Und dann stand da ein weiteres unscheinbares Kerlchen vor ihm und gaffte ihn mit seinen großen treuherzigen Augen unentwegt an und trichterte ihm ein: »Sieh zu, dass du wegkommst, verdammte Ratte!«

Jede kleine Attacke, für sich genommen, war für den Drachen eine Kleinigkeit, ein Witz. Aber nun drangen viele Waffen zugleich auf ihn ein. Er verlor zunehmend die Kontrolle. In seinem Innern braute sich das Feuer für einen Angriff zusammen. Von irgendwoher ertönte mit einem Mal ein markerschütternder, ohrenbetäubender Knall.

Dem Drachen gelang es gerade noch, sich aufzurichten. Er wollte Feuer spucken und holte tief Luft. Weil er nicht wusste, welchen Angreifer er sich zuerst vorknöpfen sollte, drehte er versehentlich den Kopf zur Seite. Sein heftiger Feuerstrahl ging direkt gegen die Wand, die dicht neben ihm war. Von dort sauste der Feuerstrahl wieder zurück und traf auf seinen eigenen massigen Wanst. Die Burschen unterdessen piesackten, hieben, hämmerten, stachen, schossen, pendelten und hypnotisierten weiter auf ihn ein. Der Drache verlor das Gleichgewicht. Er geriet ins Straucheln, brüllte noch einmal auf. Dann brach er unter dem eigenen Gewicht zusammen.

Wie ein riesiges, grünschleimiges Stück Fett lag er da, aus dem Maul triefte Geifer, seine Augen hatten sich irre verdreht. Kein Zweifel, der Drache hatte den Kampf verloren.

Es war noch Feuer in ihm. Es fing von innen an zu zischen und zu dampfen, und der Drache zerschmolz, bis nur noch ein kleiner Haufen Asche von ihm übrig geblieben war.

»Gemeinsam haben wir es geschafft!«, rief einer der Burschen und riss die Arme hoch. Die anderen taten es ihm nach und jubelten. »Alle für einen, einer für alle!«

Die frischgebackenen Helden freuten sich wie kleine, wilde Jungens. Sie tollten herum, machten Purzelbäume und Radschläge, stellten sich auf die Köpfe oder liefen auf den Händen. »Prinzen für immer!«, frohlockten sie und lachten.

Später klopfte es an der Tür des Palastzimmers, in dem König Bertram IV. und Königin Fildegard VI. saßen und gerade ein Kalbsschnitzel verspeisten. »Herein!«, rief der König. Die jungen Männer trugen die Schatztruhe ins Zimmer und verbeugten sich. »Euer Ehren«, sagten sie gemeinsam.

»Oh, seid ihr am Ende doch noch erfolgreich gewesen«, sagte die Königin beinahe herablassend. Die jungen Männer nickten stolz. Auch der König war froh, dass seine Schatztruhe endlich zurückerobert und der Drache bezwungen war. Aber er roch schon den Ärger, den es gleich geben würde. »Wie ich euch kenne, wollt ihr jetzt eure Belohnung haben«, sagte er und fügte hinzu: „Beziehungsweise einer von euch. Wer war denn der Mutige?«

Finn trat vor, verbeugte sich und sprach. »Euer Ehren, wir alle gemeinsam haben den Drachen besiegt.«

»Aber wie ihr wisst, kann nur einer von euch Prinz werden«, warf die Königin schnippisch ein. Die Freude über die zurückgewonnenen Schätze schien auch bei ihr nicht lange anzuhalten. Und wie ihr Gemahl quälte sie die Sorge, dass sie eine größere Belohnung geben musste, als nötig war.

»Eine Tochter für einen Drachenbezwinger, so war es ausgemacht«, sagte der König.

Jakob verbeugte sich, wie es die Höflichkeit gebot. Er war jedoch noch ziemlich unerfahren, was den richtigen Umgangston in der Konversation mit einem König betraf, und sagte: »Meister, wir haben den Drachen gemeinsam besiegt. Und deswegen steht uns allen eine Belohnung zu.«

Der König hüstelte und räusperte sich. Ihn mit »Meister« anzureden war eine Unverschämtheit, und am liebsten hätte er nicht nur Jakob, sondern gleich die ganze Meute achtkantig vor die Tür gesetzt. »Also, wie schon gesagt«, fasste er noch einmal unmissverständlich zusammen, »ein Einziger von euch wird Prinz. Und es gibt auch nur eine einzige Prinzessin. Und jetzt alle raus hier.«

Die Burschen verließen den Palast und gingen in den Park. Dort besprachen sie die Sache in aller Ausführlichkeit und bemühten sich um eine gerechte Regelung, wer von ihnen der Auserwählte werden durfte. Aber bis zu dem Tag, an dem der Tanzwettbewerb stattfinden sollte, waren sie zu keinem Ergebnis gelangt.

Der König und die Königin hatten den Ballettwettbewerb ihrer Töchter zum Anlass genommen, ein großes Fest zu veranstalten. Sie hatten zahlreiche Grafen, Edelmänner, höfische Damen und andere bedeutende Persönlichkeiten eingeladen. Auch die Burschen befanden sich unter den Gästen. Ihre mutige Tat hatte sich in Windeseile in ganz Mallamulata herumgesprochen, und bald erzählte man sich überall im Land Geschichten von den berühmten Drachentötern. Natürlich rätselten die Leute, welcher von ihnen Prinz und welche Tochter des Königs Prinzessin werden würde.

Als das Fest begann, konnten die Töchter die Prinzenanwärter zum ersten Mal aus der Nähe in Augenschein nehmen. Sie sahen ganz anders aus als die Edelmänner von Mallamulata, die die jungen Damen schon zur Genüge kennengelernt hatten. Die meisten männlichen Gäste hatten sich für das Fest mit barocken Jacken und weiten Beinkleidern kostümiert und komische Perücken aufgesetzt. Die Burschen trugen allerdings nur schlichte Hosen, Hemden und Hüte.

Während der König eine Ansprache hielt, sprachen die Töchter hinter vorgehaltener Hand. »Der hat aber schöne Augen«, flüsterte eine, und die Nächste meinte: »Oh, guck mal, der da, wie süß!« So turtelten sie über die gesamte Dauer der Rede munter weiter.

Tja, und wie es das Schicksal wollte, saßen den sieben liebreizenden Töchtern genau sieben anmutige junge Burschen gegenüber, die ebenfalls auf Anhieb Feuer gefangen hatten. Noch ehe der König mit seiner Rede fertig war, hatten die jungen Leute bereits mit ihren Blicken ausgemacht, wer wohl mit wem und am liebsten den ganzen Abend tanzen würde.

Doch zunächst stand der Ballettwettbewerb auf dem Programm. »Musik bitte«, sagte die Königin und klatschte in die Hände. Das Orchester erklang, und die Mädchen begannen mit ihrer Darbietung, für die sie viele Stunden geübt hatten. Ihre anmutigen und leichtfüßigen Bewegungen ließen sie noch schöner erscheinen, als sie es ohnehin schon waren. Während Ballett in Mallamulata oft gestelzt, umständlich, bedeutungsschwanger und mit übergroßem Ernst getanzt wurde, kam alles, was die Mädchen zeigten, beschwingt, beflügelt und fröhlich daher. Das Glück, das die Töchter dabei empfanden, übertrug sich auf die Zuschauer, und sogar der König und die Königin bekamen eine Ahnung für die Poesie des Augenblicks.

Als sich die sieben Töchter am Ende verbeugten, spendete das Publikum großen Applaus. Die meisten standen von ihren Sitzplätzen auf und klatschten minutenlang.

Der König und die Königin waren sehr ergriffen, und die wunderbare Ballettvorführung hatte sie verzaubert. Alles Harte, Ungerechte und Gemeine in ihren Herzen schien wie weggeblasen. Fragend, unsicher und beinahe verliebt blickten sie sich an. Welche ihrer unübertrefflichen Töchter hatte am schönsten getanzt und sollte Prinzessin werden? Solange der König und die Königin sich darüber auch den Kopf zerbrachen, sie sahen sich außerstande, eine gerechte Entscheidung zu fällen.

Im Saal stieg die Spannung. »Jede ist die Beste«, riefen die Zuschauer.

»Wir wollen alle Prinzessinnen werden«, forderten die Töchter.

Und dann gab es ja noch die sieben mutigen Drachenbezwinger, von denen es ein jeder verdient gehabt hätte, Prinz zu werden.

Die Königstöchter gingen zu den Jünglingen und tuschelten mit ihnen. Daraufhin schritten sie, die Jünglinge im Schlepptau, zur Schatztruhe und öffneten sie. Nun war die ganze Geschichte nicht mehr aufzuhalten. Die jungen Leute nahmen sich einfach Prinzessinnen- und Prinzenkronen aus der Truhe und setzten sie sich gegenseitig auf.

Und dann standen sie da: sieben wundervolle Prinzessinnen und sieben anmutige Prinzen. Tosende Beifallsstürme brachen aus. Sie mündeten in ein rauschendes Fest, wie es Mallamulata noch nie zuvor erlebt hatte. Nicht nur am Hofe des Königs, im ganzen Land feierten, sangen und tanzten die Menschen drei Tage und drei Nächte ohne Unterbrechung.

»Das ist der schönste Tag in meinem Leben«, schwärmte die Königin, »unsere lieben Töchter sind alle Prinzessinnen! Wie toll!«

»Und was für gute Prinzen wir gefunden haben«, sagte der König mit einem Anflug von Wehmut und legte eine Hand auf die Brust. »Dass ich das noch erleben darf!«, fügte er mit Pathos hinzu.

Tja, wer bis jetzt geglaubt hat, dass es in einem Märchen nicht all zu viele Prinzessinnen und Prinzen geben darf, der hat sich gewaltig getäuscht. In manchen Märchen mag das vielleicht so sein. Aber in diesem hier gibt es seit jenen Tagen nicht nur eine Prinzessin und einen Prinzen, sondern von jeder Sorte gleich sieben Stück.

In Mythen und Märchen wie im Traume sagt die Seele über sich selbst »aus«, führte C.G. Jung zur Phänomenologie des Geistes im Märchen aus.

Wie wahr das doch ist: Immer wieder berührte es mich, wenn ich die Märchen las, die wir für diesen Band erhalten haben. Ob komisch, absurd, kritisch, klassisch, romantisch, grotesk, mit einem Happy End oder aber dem genauen Gegenteil. Sie alle haben Saiten in mir zum Klingen gebracht, haben tief in mir Wünsche, Träume und Vorstellungen wachgerufen.

Geht es Ihnen auch so?

Wer möchte nicht gern einmal in einem Märchen mitspielen? Natürlich nicht unbedingt als Hexe, die im Ofen landet – aber als Prinzessin, Held oder selbst tragischer Drache.

Märchen sind ganz besondere Geschichten: Sie erinnern uns Erwachsene an unsere Kindheit, an unsere Werte, unsere ethischen und moralischen Vorstellungen, die uns als Mensch von Natur aus gegeben sind oder die uns durch Kultur, Elternhaus, Umgebung und das Leben mitgegeben wurden.

Was mir gerade beim Sammeln der Märchen für diesen zweiten Band aufgefallen ist, ist die Aktualität der Themen. Die Mehrzahl der eingesandten Beiträge hatte entweder einen direkten Bezug zu unserem täglichen Leben, oder aber im Text war eine Nachricht versteckt, über die der Mensch von heute nachdenken sollte. Das Märchen als Spiegel der Zeiten.

Aber urteilen Sie selbst, jetzt, nachdem Sie alle gelesen haben.

Das ›*Es war einmal ...*‹-Team und ich bedanken uns recht herzlich bei allen Autoren für ihre wirklich kreativen Märchen, ihre Mühe und die reibungslose Zusammenarbeit.

Ihre
Edit Engelmann

BIOGRAPHISCHES

Der Schlangenkönig
Vougar Aslanov
1964 in Goranboy / Aserbaidschanischer SSR der UdSSR geboren, ist Schriftsteller und Journalist. Er studierte Literaturwissenschaften an der Staatsuniversität Baku und war Soldat der Sowjetarmee. Ab 1990 war er als Autor und Journalist in Baku tätig. Seit 1998 lebt Aslanov in Deutschland und ist weiterhin als freier Autor und Journalist tätig. Dabei bleiben die postsowjetischen Länder sein Hauptthema. Viele Bücher sind schon erschienen, zuletzt 2012 sein Roman »Die verspätete Kolonne« beim Berliner Verlag Wostok.

Warum Schweine rosa sind
und ein Ringelschwänzchen haben
Leonidas Th. Chrysanthopoulos
1946 geboren, ist ein griechischer Karrierediplomat. Er arbeitete in Toronto, in Peking und bei den ständigen Vertretungen seines Landes bei der Europäischen Union in Brüssel und den Vereinten Nationen in New York. Wie schon sein Vater und Großvater war er Generalkonsul von Griechenland in Istanbul. Er war Botschafter seines Landes in Polen und Kanada, Generalsekretär der Schwarzmeerwirtschaftskooperation BSEC und engagiert sich jetzt nach seiner Pensionierung politisch.

Der Statthalter und das Mädchen
Petra Ewering
Am 14.03.1962 geboren, lebt sie mit Mann und dem jüngsten Kind in einer kleinen Gemeinde im Münsterland. Durch eine erfolgreiche Zertifizierung als Schriftstellerin gab sie ihrer Lyrik und ihren Geschichten eine solide Basis, die in vielen Anthologien erschienen sind. Ihre Bücher sind als gebundene Ausgabe sowie als e-books im Handel erhältlich.

Kreuzfahrt mit Sindbad
Lilly Friedstein
1976 in Berlin geboren, wuchs im Westen der Stadt auf. Sie studierte Politikwissenschaften an der Freien Universität Berlin und jobbte bei Zeitungen und TV-Sendern. Nach einem Volontariat an der electronic media school in Potsdam-Babelsberg arbeitete sie als Autorin beim ARD-Boulevardmagazin ›Brisant‹. Sie lebt in der Nähe von Dresden, ist verheiratet und hat eine Tochter. Lillys Spezialität sind Interviews mit Märchengrößen. Ihr ›Interview mit Aschenputtel‹ erschien im ersten Band der Größenwahn Märchenbuch-Reihe.

Prinz gesucht
Rudolf Gier
1957 geboren, lebt als freiberuflicher Medienpädagoge und Gelegenheitsautor in Münster. Er war bis 2004 Mitarbeiter der Literaturzeitschrift ›Am Erker‹, in der auch einige seiner Kurzgeschichten veröffentlicht worden sind. Zurzeit arbeitet er bei der Zeitschrift noch als Layouter mit. Weitere Veröffentlichungen erschienen in ›Der Rabe‹ und in anderen Zeitschriften, und einige Kindergeschichten wurden im Rundfunk gelesen.
Eine gekürzte Version von »Prinz gesucht« wurde im WDR Märchenmarathon 2012/2013 als Hörspiel gesendet.

Das Luftkugeldorf
Eva Ieropoulou
in Athen geboren, studierte Linguistik, Cello und Musikerziehung an der Aristoteles Universität. Sie lebt in Thessaloniki, hat zwei Kinder, unterrichtet Musikpädagogik am Konservatorium, schreibt und präsentiert Bücher, Theaterstücke und Lieder für Kinder. Die Autorin hat bereits verschiedene Werke in Griechisch veröffentlicht. Außerdem ist sie Mitglied des elektronischen Musik-Duo »Colours«. Ihr Buch »Mein anderes Ich« wurde im Jahr 2010 für den Literaturpreis des Magazins »Diavazo« nominiert.

Wir pfeifen auf's Schlaraffenland
Doris Lautenbach
In Berlin geboren, in die niedersächsische Provinz aufgewachsen, absolvierte eine Ausbildung zur Hotelfachfrau –
natürlich in Berlin – und eine BWL-Ausbildung. Nach
Abstechern in die Welt der Luxushotellerie schloss sie
nach der Geburt ihrer Tochter ein Fernstudium Journalis-
tik ab und schreibt heute Texte für touristische Unternehmen. Sie gründete eine Vorlese-Gruppe für Kinder,
arbeitete mit Berliner Schulen und seit 2009 präsentiert
sie literarische Genüsse zusammen mit fünf KollegInnen
auf ihrer Lesebühne »Die Unerhörten«, die 2011 zur besten Lesebühne Berlins nominiert wurde. Als ausgebildete
Sprecherin hat sie 2014 das Lesetheater »Wölfe im Salon«
mit gegründet.

Der M'Ba'Uch
Wilfried von Manstein
arbeitete als Tellerwäscher, Taxifahrer, Parkwächter,
Gärtnergehilfe, Filmkritiker, Kellner, Maler, Regieassistent,
Schauspieler, Marktforscher, Seminarleiter und ist zur See
gefahren. 2013 erwarb er den Master of Arts (M.A.) in
›Biografisches und Kreatives Schreiben‹ an der Alice
Salomon Hochschule, Berlin. Von Wilfried von Manstein
sind bereits diverse Kurzgeschichten in Anthologien
erschienen, unter anderem auch seine Geschichte »Des
alten Schreiners Reise in die neue Zeit« im ersten Band
der Größenwahn Märchenbuch-Reihe.

Zauber am Nachmittag
Brigitte Münch
1947 in Düsseldorf geboren. Sie ist gelernte Buchhändle-
rin und arbeitete viele Jahre in Buchhandlungen und
Verlagen. Von 1979 bis 1985 lebte sie in Kairo, Ägypten,
und arbeitete bei Radio Kairo für den Local European
Service. Seit 1985 lebt sie als freie Übersetzerin und Autorin auf der Kykladeninsel Naxos. Beim Größenwahn-
Verlag sind »Die Blaue Tür - Ägäische Geschichten«,
»Geschenk vom Olymp - Neue Ägäische Geschichten«
und »Doch welcher Fluss fließt rückwärts« erschienen.
Sie ist in Anthologien vertreten und hat viele Romane aus
dem Griechischen übersetzt, zuletzt »Das Herz nach
Istanbul tragen« von Maria Skiadaresi, das 2013 im Grö-
ßenwahn-Verlag erscheinen ist.

Das Plattenbau-Rotkäppchen
Michalis Patentalis
In Düsseldorf geboren. Er studierte unter anderem Mu-
siktheorie und –harmonie und Kulturwissenschaft für
Europäische Kultur. Zeitweise arbeitete er als Radio-
Journalist im Radio Sender »To Proto« und als Redakteur
bei vielen Kulturzeitschriften (ZIPP, Polis, Antilogos u.a).
Er beschäftigt sich auch mit Fotografie. Im Jahr 2004
bekam Michalis Patentalis die Auszeichung vom Litera-
turwettbewerb »Antonis Samarakis« für seine Erzählung
»Rotkäppchen eines Hochhauses«. 2002 vertrat er (mit
Sarah Kirsch und anderen Autoren) Deutschland und
Griechenland in der »Internationalen Poesie« in Dorn-
birn. Seit 2002 ist er Vorsitzender der Gesellschaft Griechischer Autoren in Deutschland e.V.

Uschis Welt
Die beiden Schwestern
Grit Peschke und Kerstin Fischer
sind als im Nordwestkrankenhaus geborene Mädsche
echte Frankfurterinnen. Aufgewachsen im lustigen Rhein-
land in der Nähe von Köln, hat es sie nacheinander zurück
nach Frankfurt gezogen, wo sie nun im Nordend leben;
Kerstin mit Partner im nördlichen Teil und Grit mit Mann
und Zwillingen im östlichen. Beruflich hat es die beiden
als Diplompädagogin und Bekleidungsingenieurin zu
großen Konzernen verschlagen; dennoch bleibt neben
Geschichten ausdenken noch genügend Freiraum für
soziales Engagement und kreatives Schneiderhandwerk.
»Eine ungewöhnliche Freundschaft« ist ihre erste Veröf-
fentlichung.

Wa(h)re Freunde
Kyro Ponte (Kyriakos Sidiropoulos)
1972 in Esslingen a.N. geboren. Der studienhalber re-
emigrierte Grieche ist promovierter Neurowissenschaftler
und Linguist. Neben den neurowissenschaftlichen Veröffentlichungen verfasste er eine Reihe literarischer Texte
und übersetzte die Kettenerzählung »Das letzte Adieu«
von Vassilis Vassilikos ins Deutsche (edition buntehunde,
2009). Ponte war Gründer des Literaturportals Inlitera,
aus dem 2007 die Anthologie *Netzwerke* hervorging. Er ist
verheiratet und lebt zwischen Stuttgart und Tübingen.

Die Raumfahrer
Georg Potyka
1938 geboren, hat in Wien und New Orleans studiert, und zwar Musik (abgebrochen), Architektur (abgebrochen) und Jura (abgeschlossen). Er ist verheiratet, hat vier Kinder, sieben Enkelkinder und lebt jetzt in seiner Heimat Österreich. Lange Jahre hat er als Diplomat unter anderem in Indien, Pakistan, den Niederlanden, dem Irak und in Bulgarien verbracht. Georg Potyka bekam zwei Ehrendoktorate verliehen. Er spielt Orgel als Dorforganist und singt in einem Chor, vertritt ehrenamtlich Asylwerber vor dem Asylgerichtshof, erledigt Arbeiten für das Rote Kreuz, schreibt Bücher, musiziert, schwimmt, wandert und fährt gerne Fahrrad.

Die steinernen Brüder
Philipp Schmidt
1982 in Breisach am Rhein geboren, ist häufig umgezogen, war viel auf Reisen, vor allem in Südostasien, und hat in Tübingen Philosophie und Germanistik studiert, wo er heute mit Frau und zweijährigem Sohn lebt. Er ist Stammautor bei der Horror-Roman-Saga ›Violent Earth‹ bei der Edition Bärenklau. Sein erster Roman ›Rabenflüstern‹ ist im August 2013 beim Begedia-Verlag erschienen. Weitere Projekte sind in Arbeit.

Nona, der kleine Delfin
Marion Schneider
1956 geboren, studierte Geschichte, Deutsche Sprache und Literatur sowie Volkskunde an der Philips Universität Marburg und der Albert Ludwig Universität Freiburg im Breisgau. Zusammen mit ihrem Ehemann Klaus-Dieter Böhm ist sie Inhaberin und Betreiberin verschiedener Einrichtungen, die unter dem Namen ›Toskanaworld‹ zusammengefasst sind. Zusammen mit der New Yorker Fotografin Linda Troeller hat sie das Fotobuch »The Erotic Lives of Women«, Basel, New York 1999 herausgegeben. Derzeit arbeitet sie an einem Fotobuch über den weiblichen Orgasmus.

Mondsüchtig
Todor Todorov
1977 in Sofia geboren, studierte Philosophie und arbeitet heute als Dozent an der ›St. Kliment Ohridski‹ Universität von Sofia, wo er Philosophie des Mittelalters und der Renaissance, mittelalterliche arabische Philosophie, Geschichte der Philosophie und Photographie unterrichtet. Er liebt Nachtlesungen und vertritt die Idee, dass Lesen und Träumen miteinander verwandt sind. Bei Märchen kann sich der Leser manchmal wach, manchmal tief und langsam wie im Schlaf fallen lassen. Von Todorov ist, in deutscher Sprache »Hexen, Mörder, Nixen, Dichter ...« im Größenwahn Verlag erschienen.

Der von-allem-etwas-Baum
Doris Trampnau
1959 in Dormagen-Nievenheim geboren, arbeitet seit 26 Jahren im genossenschaftlichen Sektor bei einer Volksbank. Sie ist verheiratet und Mutter von drei erwachsenen Söhnen.
Im Umgang mit Menschen erhält sie ihre Inspiration zum Schreiben. In Texten, Liedern, Gedichten und Märchen möchte sie Momentaufnahmen, Augenblicke und Gefühle festhalten und umsetzten, beim Schreiben mit dem Herzen dabei sein, weil das Leben so bunt wie möglich sein sollte. Es geht ihr auch um die Verarbeitung persönlicher Ereignisse.

Brautschau
S.A. Urban wurde 1971 geboren, lebt in der Nähe von München und beschäftigt sich, als typischer Skorpion, eher mit den Schattenseiten des Lebens. Tod und Sex sind Vorlieben, welche sich durch Urbans Geschichten ziehen. So schreibt Urban unter verschiedenen Pseudonymen erotische Geschichten für Hörbücher und bleibt gern als Person im Geheimen. Eines aber kann man verraten: Unter dem Kürzel S.A. Urban erscheinen ausschließlich homoerotische Romane, wie »Erwarte mich in Paris«, »Engelsgesang« oder »Einmal Sinti und zurück«. Der Ausflug in die Märchenwelt ist eine Seltenheit, obwohl Märchen schon seit der Kindheit eine regelrechte Faszination ausüben, besonders, wenn nicht ein Happy End am Schluss steht. In »Brautschau« ist Urban selbst in die Fußstapfen der Brüder Grimm gestiegen und versetzt einen alten Märchenmythos in die moderne Zeit.

Recht und billig
Manfred Voita
Geboren 1952, lebt und schreibt (für Geld und gute Worte) in Warendorf. Seinen Lebensunterhalt verdient er als Lehrkraft in der beruflichen Erwachsenenbildung, ist also darin geübt, Erwachsenen etwas zu erzählen. Warum also nicht auch Märchen? Bereits während des Studiums entstanden erste Texte für Studentenzeitschriften, später wurden einige seiner Sketche für die Comedyreihe »Bananas« des WDR ausgewählt. Als Ghostwriter wirkte Manfred Voita für einen befreundeten Werbetexter an mehreren Firmengeschichten mit. Der Autor veröffentlichte bereits einige Kurzgeschichten in Anthologien.

Das Model auf der Mango
Britta Voß wurde 1979 in Bremen geboren. Nach dem Abitur im Jahr 1998 verschlug es sie nach Göttingen zum Studium der Deutschen Philologie sowie der Mittleren und Neueren Geschichte, das sie 2004 mit dem Magister Artium abschloss. Sie schreibt Kurzgeschichten und Märchen für Kinder und Erwachsene, von denen einige in diversen Anthologien veröffentlicht wurden, so z.B. auch ihr Märchen »Die tierisch krasse Bremer Rockband« im ersten Band der Größenwahn Märchenbuch-Reihe.

Der König von Bratasulien
Edit Engelmann
1957 in der Nähe von Kassel geboren. Sie arbeitete im Marketing- und Kommunikationsbereich bei internationalen Firmen im In- und Ausland. Für den Größenwahn Verlag ist sie tätig als Lektorin, Autorin, Herausgeberin und Leiterin der Märchenreihe ›Es war einmal ...‹.
Edit hat zahlreiche Bücher veröffentlicht: »Es war einmal im Ringgau - Oma Christines nordhessische Sagen und Rezepte«, 2013; »Zitronen aus Hellas – Geschichte und Rezepte von einer die auszog um griechisch zu leben«, 2012; »Krise! Krise! – Schulden am Olymp, Tagebuch eines Frosches«, 2011; »Scherben vor Gericht – Albtraum eines Premierministers«, 2014 - alle beim Größenwahn Verlag. Sie lebt mit ihrer Familie in Athen.
Edit Engelmann ist Mitglied im Verein deutsch-griechischer Autoren.

Das Größenwahn Märchenbuch
Band 1
Hard Cover · 110 Seiten mit Illustrationen
ISBN: 978-3-942223-30-0
eISBN: 978-3-942223-48-5

Im Dezember 1812 erschien das erste Märchenbuch der Gebrüder Grimm. 200 Jahre später fragte sich der Größenwahn Verlag, was wohl aus den Märchenfiguren geworden wäre, lebten sie noch heute. Daraus entstand die Idee, einen Wettbewerb auszuschreiben und auf die Suche nach neuen Märchen zu gehen. Welche Geschichten würden Autoren von heute erfinden? Wie sieht ein neues, modernes Märchen unserer Zeit aus?

Die besten Märchen des Wettbewerbs sind in diesem Buch gesammelt und zeugen von wundersamen Begebenheiten, von Königen, Weisen und Feen, Zauberern und Hexen, verwunschenen Tieren, und von kleinen und großen Menschen, die zu Helden aufsteigen. Es werden alle bekannten Register gezogen und alle Regeln verletzt, natürliche und übernatürliche Kräfte müssen her, Zaubersprüche werden neu formuliert und magische Suppen gekocht. Tage und Nächte werden vergehen, Schwierigkeiten überstanden, Rätsel gelöst, um am Ende das Gute als Sieger zu küren.

Die Jury bestand aus dem Märchen- und Grimmexperten Prof. Dr. Heinz Rölleke, Dieter Gring (Intendant der Märchenfestspiele Hanau), Dr. Hanna Dose (Leiterin des Märchenmuseums Bad Oeynhausen), Heike Ließmann (Programm-Redakteurin beim hr2 Radio Kultur), Ute Petkakis (Leiterin der Bibliothek des Goethe Instituts in Thessaloniki), Hans-Jürgen Heine (Mitbegründer des Café Größenwahn) und Edit Engelmann (Lektorin beim Größenwahn Verlag. Es war nicht immer leicht eine Entscheidung zu treffen, aber schlussendlich hat sich die Jury für genau diese Märchen aus den zahlreichen Einsendungen entschieden, weil hier die Fantasie der Autoren lebendig, eigenartig, einzigartig und »märchenhaft« war.

ANMERKUNGEN

Seite 42: Das Märchen ›Das Plattenbau-Rotkäppchen‹ von Michalis Patentalis ist dem Buch »Das Bezaubernde Lächeln der Ann Ewill« entnommen. ISBN: 978-3-942223-14-0

Seite 63: Das Märchen ›Mondsüchtig‹ von Todor Todorov ist dem Buch »Hexen, Mörder, Nixen, Dichter ...« entnommen. ISBN: 978-3-942223-17-1

GRÖSSEN WAHN VERLAG
Lenaustraße 97
60318 Frankfurt
Tel.: +49 (0)69 48 00 29 92
Mobil: +49 (0)171 28 67 549
www.groessenwahn-verlag.de